WILLST DU MEINE WITWE WERDEN?

LISELOTTE ORGEL-PURPER

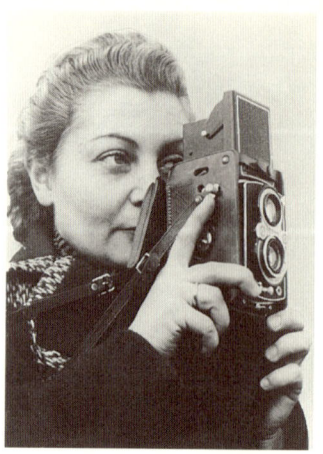

Willst Du meine Witwe werden ?

Eine
deutsche Liebe
im Krieg

AUFBAU·VERLAG

Mit 109 Fotos von Liselotte Orgel-Purper und Kurt Orgel
Mit einem Vorwort von Günther Drommer
Die Auswahl der Briefstellen besorgte Ulrich Völklein,
Chef des Ressorts Zeitgeschichte bei der Zeitschrift **STERN**

ISBN 3-351-02431-2

1. Auflage 1995
© Aufbau-Verlag GmbH, Berlin 1995
Gesamtgestaltung Heinz Hellmis, Hennigsdorf
Satz und Repro LVD GmbH, Berlin
Druck und Binden Kösel GmbH, Kempten
Printed in Germany

Inhalt

FÜR MEINE TOCHTER ANNETTE
UND MEINE ENKELIN CAROLIN JULIA

Die stumme Generation

Meine Mutter wurde im Dezember des Jahres 1914 geboren. Sie trug einen ungewöhnlichen, nie gebrauchten zweiten Vornamen: Bringfriede. Mein um ein Jahr älterer Vater war von 1939 bis 1944 Soldat an vielen Fronten. Er starb 1962 an den Spätfolgen dieses Jahrfünfts. In einen seiner kurzen Urlaubsaufenthalte zu Haus fällt meine Zeugung. Nicht lange vor ihrem Tode hat mir meine Mutter einmal gestanden, sie betrachte ihr Leben, trotz vieler schöner Erinnerungen, eigentlich doch als verfehlt. Die beste Zeit, resümierte sie, seien die Jahre unmittelbar nach dem Krieg gewesen.

Ich entsinne mich meiner Kindheit: Mein Vater, ein baumlanger Kerl, kränkelte oft. Vieles von dem, was auf den Tisch kam, holten meine Mutter und ich aus dem Wald. Beeren, Pilze, Gewürze (Bratkartoffeln mit Kümmel vom Feldrain!), aber auch das Holz für den Ofen schleppten wir herbei. Manches bescheidene Fest mit Freunden wurde gefeiert. Vom vergangenen Krieg sprach kaum einer. Das Interesse für die neue Zeit, wir lebten im Osten Deutschlands, war unvoreingenommen, die Wißbegier groß. Und doch erzählte meine Mutter manchmal auch von einer sehr kurzen Zeit unmittelbar vor dem Krieg: von Radwanderungen zu zweit ins Frankenland und nach Bayern und gemeinsamen Übernachtungen in Jugendherbergen, von der Ahnungslosigkeit dem Kommenden gegenüber. Es war die Zeit der ersten Liebe zwischen ihr und meinem Vater. Jäh und allzuschnell war diese Zeit für meine Eltern zu Ende.

Gleich ihnen ist es Millionen junger Menschen in Deutschland ergangen. Als der Krieg verloren war, kehrten viele der Männer nicht mehr nach Hause zurück, sie lagen begraben irgendwo in Europa. Das Leid, das sie im Auftrage eines ebenso kalt kalkulierenden wie wahnsinnigen Diktators über die Völker gebracht hatten, erlitten sie am Ende selbst, und Schuld zwang auch die Überlebenden zur Stummheit. Waren sie, die jungen Frauen und Männer der Vorkriegsjahre, überhaupt je glücklich gewesen? Durften sie sich später zu ihrem menschlichen Glück unter der Naziherrschaft, zu ihrer Liebe unter dem Hakenkreuz bekennen? Durften sie schwärmen von ihrer »unbeschwerten« Jugendzeit, wie es natürlich ist im Leben der Menschen? Die Nachgeborenen waren unnachsichtig mit ihren Eltern, und sie, die sich schuldbeladen fühlten oder unverstanden, schwiegen nicht selten aus besserwisserischem Trotz. Und noch immer graust es uns ja, wenn wir hören, wie ungebrochen manch ein Großvater dennoch seinem Enkel vom »Höhepunkt seines Lebens« erzählt, von den Abenteuern des großen Krieges, von der Kameradschaft untereinander und der gegenseitigen Sympathie zwischen ihnen und den Fremden, von Ritterlichkeit und Härte sich selbst und den Menschen in den besetzten Ländern gegenüber.

Heute, nach fünfzig Jahren, frage ich als Sohn »einer Liebe im Krieg«: In den Büchern und Zeitungen hat vieles gestanden in all den Jahren danach, das Richtige zumeist. Aber wurde nicht viel zuwenig darüber gesprochen und wenn, dann zu oberflächlich, zu selbstgerecht, ohne notwendiges Schuldbewußtsein, mit zu wenig Gefühl und Verstand?

Warum das Ganze immer wieder aufrühren, wo doch das vielzitierte Wort von der »Gnade der späten Geburt« auf so angenehm demutsvolle Weise frei machen kann von innerer Aufregung und äußerer Verantwortung, wenn Alte und Junge der Vergangenheit gedenken? Der wertvollste Besitz eines Volkes ist sein Gedächtnis, das sich zusammensetzt aus den Erinnerungen und Erfahrungen jedes einzelnen, jeder Familie, aller. Dieses Gedächtnis registriert nicht nur die Vorgänge, schon bevor sie Geschichte sind, es speichert auch die Haltungen und Gefühle eines jeden Menschen, die zusammenfließen zur Gesinnung aller. So, wie es die Moral des Individuums gibt, existiert auch die Moral eines Volkes. Und die kann gut oder weniger gut sein. Sie wird schlechter, wenn Schuld verdrängt, Irrtümer verschwiegen, den Gründen für falsches Verhalten nicht nachgegangen wird.

Indem wir Deutsche das Faktum genau eines halben Jahrhunderts zwar nicht idealen, so doch kriegsfreien Lebens nutzen, um uns zu erinnern und nachzudenken, sollten wir uns bemühen, wieder und wieder über unsere Schuld und unsere mißbrauchte Unschuld zu sprechen. Das hilft entscheidend mit, die keinesfalls unmögliche Wiederholung des Schreckens zu vermeiden, welche kaum in gleicher, sondern vielmehr in unvorhersehbar veränderter Gestalt sich zeigen würde.

Wer diesen anrührenden und tragischen Briefwechsel zweier Liebender liest, erfährt die Wahrheit dieser Briefe. Sie mußten ausgewählt werden aus Tausenden, die Liselotte und Kurt Orgel sich während des Krieges schrieben. Die Auswahl ist ehrlich, denn sie verschweigt nichts. Nicht allein die allmählich wachsende Erkenntnis über das Furchtbare dessen, was sie zu erleben haben, ist – trotz allgegenwärtiger Zensur – klar aus den Briefen herauszulesen, sondern auch all das, was Liselotte Purper, die sensible Fotografin, deren Selbstbewußtsein gleich dem unzähliger Frauen im Krieg zu wachsen gezwungen war, damals nicht wußte, nicht wissen konnte (und was auch der kluge Kurt Orgel mit Sicherheit heute besser wüßte, wenn er noch lebte).

Gerade im Nichtwissen, in den Irrtümern beider Schreiber besteht der Wert dieser Briefe.

Weil darüber zu sprechen ist, heute wie gestern: Dem Staatschef von Rumänien, Marschall Antonescu, steht nicht an die Stirn geschrieben, daß er 1944 als Kriegsverbrecher verurteilt und zwei Jahre später hingerichtet werden wird. Die Wut auf die bombenwerfenden Alliierten wandelt sich nicht in Haß auf den Verursacher Hitler, geschweige denn in tätigen Widerstand gegen ihn (wie hätte der aussehen sollen?). Der immer weiter sich ausdehnende Krieg macht nicht mutlos, sondern paradoxerweise zuversichtlich (nicht ohne eine fast mystische Hoffnung auf die »Wunderwaffen«). Der Offiziersversuch, mit dem Attentat vom 20. Juli 1944 dem Wahnsinn ein Ende zu setzen (nachher sterben mehr Menschen als zuvor), erzeugt nicht Zustimmung, sondern Verachtung. Die Betrachtung über die Behandlung der Zivilbevölkerung in Feindesland (»Töten wir das Vieh der Bauern im Baltikum nicht, nimmt es sich der Russe«) läßt den Aufenthalt vor den Toren der blockierten Stadt Leningrad mit ihrer grauenerregenden Zahl ziviler Toter, die wir heute kennen, außer acht. Und auch die Rückzugstaktik der »Verbrannten Erde« auf sowjetischem Boden steht nach Kriegsende mit auf der korrekten Rechnung, die insbesondere von den Ostdeutschen zu bezahlen ist.

Das alles und vieles andere wußten die beiden jungen Leute damals nicht, manches hätten sie wissen können, aber natürlich waren auch sie Gefangene ihrer Zeit. Dieses Nichtwissen ist Folge eines ununterbrochenen Lebens in einer perfekten Diktatur, die politisches Desinteresse und Uninformiertheit fortlaufend neu produziert. Und vor allem wollten sie leben, überleben!

Sind wir alle immer wieder Gefangene unserer eigenen Zeit? Die Deutschen aus dem Osten, viele von ihnen voll guten Willens und lange Zeit im festen Vertrauen darauf, die schlimme Vergangenheit unseres Volkes auf die richtige, die richtigere Weise überwunden zu haben, und dann doch wissend, wie groß ihr Irrtum war? Die Deutschen aus dem Westen, deren Leben, anfangs mit Hilfe ihrer Siegermächte, in einer dauerhaften, einigermaßen zuverlässig und kritisch kontrollierten Demokratie von unvergleichbar anderem Zuschnitt war und doch auch voller Ungerechtigkeiten? Und was bringen wir von den so verschiedenartigen Erfahrungen in und mit beiden Staaten in die gemeinsame Zukunft des heute wiedervereinigten Deutschlands ein, bereitwillig berichtend, geduldig einander zuhörend, gleichberechtigt und zum Nutzen aller?

Wissen dennoch Kinder und Enkel immer wieder alles besser?

Wer dieses Buch liest und seine Bilder betrachtet, freundliche, naive, stolze, schreckliche, wider Willen demagogische, erhält nicht sofort – gleich einem Ariadnefaden, an dem er sich sicher entlangbewegen kann – die Lehren und die Moral aus der von unseren Eltern erlittenen Geschichte mitgeliefert. Erst im Nachdenken kann und muß er beides selbst finden. Ohne diese ganze Generation zu glorifizieren oder gar sie zu verurteilen. Es sind doch unsere Eltern!

Die Ahnungslosigkeit über unsere eigene Zeit können und müssen wir verringern durch Wissen über die Zeiten davor und das Verhalten der Menschen in ihnen und die Gründe dafür. Und so fort in alle Zukunft.

Günther Drommer

Kartoffelernte in der Mark Brandenburg
(Reichsarbeitsdienst, 1938)

Bauerntrachten im Alpachtal,
Tirol (1941)
Getreideernte in Kärnten ▷
(Reichsarbeitsdienst, 1938)

14

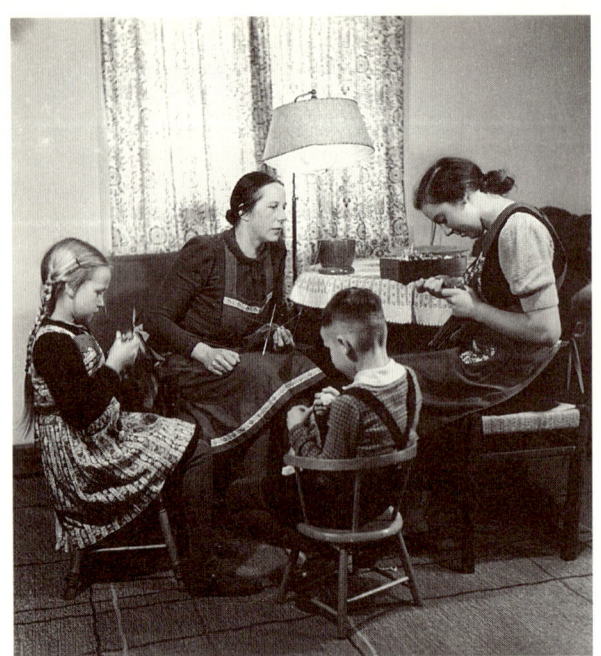

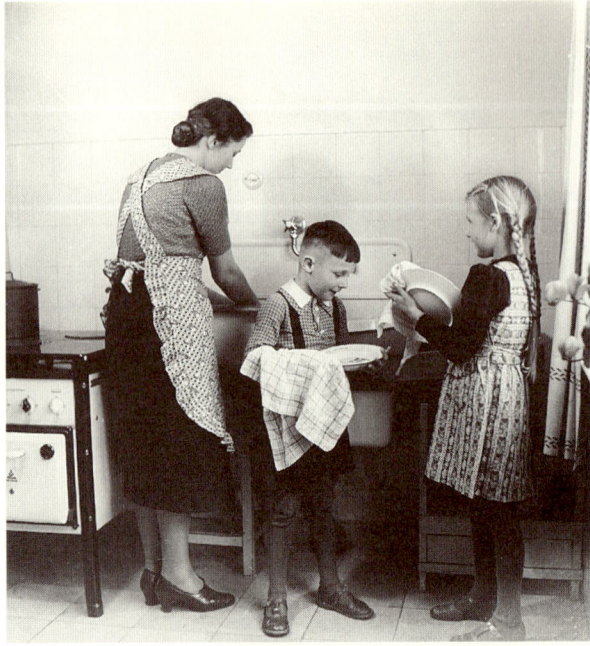

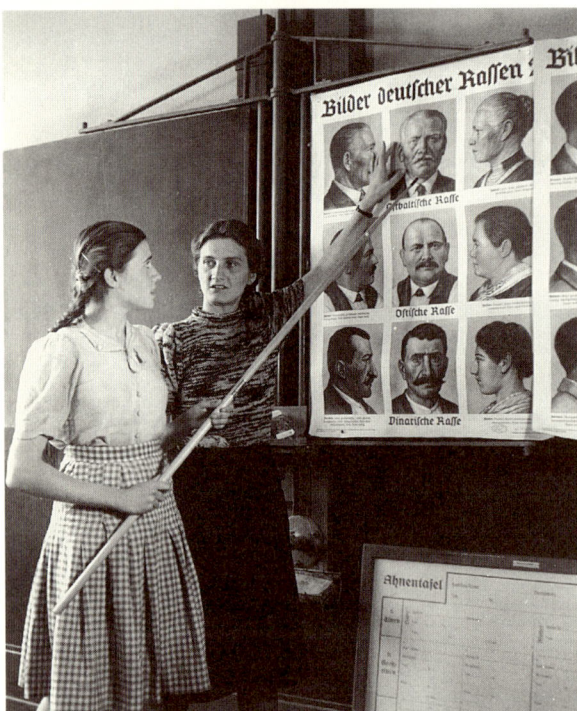

»Pflichtjahr« für Mädchen (1940)
Schulung in »Rassenkunde« (1943)

»Reichsfrauenführerin« Scholtz-Klink
mit ihrem zweiten Ehemann
Heissmeyer und den gemeinsamen
zehn Kindern (1941)

»Arbeitsmaiden« und »Arbeitsmänner«
bei Tawe, Kurisches Haff (1939)

Fischerdorf Tawe am Kurischen
Haff (1939)
Auf einem Bauernhof in Masuren
(1939)

1 Aber ich lebe noch!

Briefe gehören unter die wichtigsten Denkmäler, die der einzelne Mensch hinterlassen kann. . . . Was uns freut oder schmerzt, drückt oder beschäftigt, löst sich von dem Herzen los, und als dauernde Spuren eines Daseins, eines Zustandes, sind solche Blätter für die Nachwelt immer wichtiger, je mehr dem Schreibenden nur der Augenblick vorschwebte, je weniger ihm die Folgezeit in den Sinn kam.

Goethe, Vorrede zu »Winckelmann und sein Jahrhundert«

◁ Landstraße in Pommern (1940)

Lieber Kuddel,

die Ereignisse überstürzen sich, und ehe ich Dir für Deinen schönen Blumengruß zu meinem Geburtstag danken konnte, ist der Krieg ausgebrochen. Am 1. September, ich war gerade auf höchster Leitersprosse beim Annageln von Dunkelpapier an den Fenstern, gingen die Sirenen los. Fliegeralarm! Unser Keller, ein Loch, dumpf, mit einer tiefgezogenen Decke, von der man den Eindruck hat, daß sie sich in Kürze erdrückend über einen legen wird. In diesem Haus-Luft-Schutzkeller fanden sich alle Bewohner zusammen, mit mehr oder weniger verweintem Gesicht. Darunter eine junge Mutter mit ihrem drei Wochen alten Baby. Und zu aller Bedrückung kommt unser im Hause wohnende Spanier, leicht torkelnd im eleganten Mantel, mit Hut, und um den Hals ein Badelaken, das er sich, total naß, beim Gasangriff vor Mund und Nase halten will. Vorerst begibt er sich an den Medizinschrank, riecht an Salmiak oder Soda und ist im Begriff, diese Flüssigkeiten lächelnd in sich hineinzugießen, als er durch die Entwarnung der Sirenen und die dadurch entstehende freudige Bewegung der Kellerbewohner am Trunk gehindert wird. Mein Geschäft ist wie abgeschnitten. Meine männlichen Kollegen sind meist zur Front kommandiert, und für mich wird wohl das Hinterland in Frage kommen …

Von Herzen schönen Gruß – Lilo

Lieber Kuddel-Freund,

gestern abend bin ich beim Roten Kreuz vorgeprüft worden, und wider Erwarten wußte ich alles. Am 15. November wird endlich Schluß sein, es langt mir aber auch. Jeden Abend, jeden Abend, bald drei Monate lang! Der stellvertretende Stellvertreter sprach die berühmten nationalsozialistischen Patentsätze. Es fehlte nur noch das »nationalsozialistische Ideen- und Gedankengut«, und ehe ich es dachte, da tönte es mir bereits entgegen …

Leb wohl – Deine Lilo

Ich bin in Straßburg. Die Stadt, in der ich geboren bin. Die Stadt, in der alle Erzählungen meiner Eltern in Gestalt von Gäßchen, Plätzen, traulichen Winkeln, Häusern und Fachwerkbauten lebendig werden. Die Stadt, die mich so tief anspricht, daß ich sagen möchte, ich fühle mich in ihr wohl, wie in meinem Elternhaus in Berlin. Ich empfinde auch, daß die Stadt mich in sich aufnimmt und mich gelten läßt. Straßburg hat einen ganz eigenen Zauber. Die Luft ist mild, und etwas Anregendes, Beschwingendes geht von ihr aus. Straßburg ist voll überraschender Ausblicke. Jeder Platz ist so eigen, daß man ihn mit keinem anderen in Deutschland vergleichen kann. Mutwillig und anmutig zugleich scheint diese Stadt am Rhein zwischen die blauen Berge des Schwarzwaldes und der Vogesen hingebaut zu sein. Und welchen Weg man auch wählt, immer führt er über eine Brücke, über ein Wasser.

Fünf Stunden laufe ich mit einem Stadtplan der Eltern durch alle Gassen. Und hat sich das Auge an Ausblicken und Anblicken nach Herzenslust geweidet, so kehrt es zum Punkt aller Vielgestaltigkeit zurück: zum STRASSBURGER MÜNSTER! Erst stand ich zur Mittagszeit, bei grellem Licht, zu seinen Füßen und kam zu keiner beschaulichen Sammlung. Aber, als es zu dämmern begann, und die Häuser um den Münsterplatz langsam in Schatten sanken, da lebte das Münster geheimnisvoll auf.

Nach einem höchst bescheidenen Frühstück – eine Messerspitze Butter, ein Kaffeelöffel Marmelade für zwei Brötchen – zog ich an der Ill zu einem am Vortag entdeckten Motiv am Schiffleutstaden. Von dort begann ein Pirschgang zum Münster. Von allen Seiten beschlichen und eingefangen, eroberte ich mir die 66 Meter bis zur Plattform des Münsters – und auch die noch besteigbaren Meter bis zum hundertsten mußten meinem Eroberungsdrang fallen.

Die Aussicht auf die Stadt, die Vogesen, den Rhein und den Schwarzwald war wunderbar klar. Tief unten, zu Füßen des Münsters, wimmelten schwarze Punkte. Seltsam, daß diese Punkte und Striche Menschen waren, die fühlten, sich freuten – und litten.

Bei der Unterhaltung mit dem Postkartenverkäufer auf der Plattform des Münsters sagte er, daß er Straßburg so liebe, daß er es nie verlassen würde, gleich ob die Stadt englisch oder russisch würde. So aber wäre es am besten, es müßte auch nur dabei bleiben.

Straßburg (1940).
Auf dem Münster weht die Hakenkreuzfahne

»Reichsgau Wartheland« in Polen
(1940)

◁ »Arbeitsmaiden« auf dem Weg
zur Feldarbeit am »Westwall«
(1949)

27

Łódź (Litzmannstadt) im
»Reichsgau Wartheland«.
Jüdisches Ghetto (1940)

Wielun, wo liegt das? Also im Warthegau, und dann zeigt ein Wegweiser vor meinem Fenster: 104 Kilometer nach Lódź-Litzmannstadt und 69 Kilometer nach Tschenstochau. Zehn Stunden habe ich gebraucht, um von Berlin, mit zweimaligem Umsteigen, hierherzukommen. Ein Panjewagen, inklusiv dreckigem Kutscher, bringt mich in mein »Hotel« – immerhin bin ich bis zu diesem Augenblick *tierfrei*! Meine Aufgabe besteht hier in einem Auftrag der NS-Volksfürsorge, Seminaristinnen aus Blumberg bei Potsdam aufzunehmen, die sich im Kreis Wielun praktisch betätigen.

Wielun besteht aus einer Hauptstraße und einem Marktplatz, auf dem die meisten Häuser niedergebrannt sind. Es gibt zwar noch Nebenstraßen, aber diese Bezeichnung würde irreführen. Hier starrt alles vor Dreck. Trostlosigkeit. Über das steinige Kopfsteinpflaster holpern die Wagen den ganzen Tag. Die Juden – Stern bei Stern – dürfen nur auf

der Straße gehen. Polnische Frauen, eingehüllt in ihre großen wollenen Umschlagtücher, schleifen ihre Füße durch den Ort. Verluderte Kinder stehen überall, in die Welt staunend, herum. Große Not! Dumpfe Verzweiflung auf jedem Meter dieses Drecknestes, in das ein »lieber Gott« wohl nie hineingeschaut hat.

Es ist 21.30 Uhr. Die Engländer werden gleich kommen, aber hier kümmert sich niemand darum. Keller sind kaum vorhanden, die Häuser klein und niedrig, und im übrigen sind die Bewohner seit einem Jahr englische Besuche gewohnt. Einmal nur ist eine Bombe gefallen. So bleibt alles in den Betten und überläßt alles weitere dem lieben Gott – und der Flak.

Heute früh um 6 Uhr standen wir in Hamburg auf. Die Sterne schienen noch. Der Vollmond grinste in seiner ganzen Pracht. Um 22 Uhr war Alarm gegeben worden, worauf im Hotel ein eifriges Gerenne und Türenschlagen erfolgte. Hada und ich hatten zwei ineinandergehende Zimmer. Mein Bett lag mit dem Kopfende zur Außenwand. Also nahm ich meine Kissen und Decken und packte mich zu Hada, die zu einer Innenmauer lag. Ein heftiges Gedröhne der Flak ging an. Die feindlichen Flieger schienen sehr tief zu fliegen. Plötzlich dröhnten die Geschütze, als ob sie unmittelbar vor unserem Fenster stünden. Wir, aus unserem Schlaf gerissen, den wir so nötig brauchten, gerieten ins Lachen, aus dem wir kaum herausfanden. Wir ließen die Flak um uns herum prasseln und lachten wie beim tollsten Spaß. Dann, bei wieder eingetretener Ruhe, schliefen wir sofort ein und erwachten erst bei der Entwarnung um 1 Uhr.

Da es sich um den Ufa-Werbefilm für den Frauenhilfsdienst handelt und die Kameraleute erst morgen kommen, besahen wir uns in Ruhe den Adolf-Hitler-Koog – unser Reiseziel, sieben Kilometer von Marne. Von hier ist im wesentlichen zu sagen, daß es so sauber ist wie dreckig im Osten. Die Menschen entsprechend. Das neugewonnene Land ist mit Kohl bepflanzt. In weiten Abständen stehen die schmucken Backsteinhäuser mit hellen Fensterkreuzen und kleinen Vorgärten. Hier ist alles sauber, klar und geradeaus, und was die Leute sagen, dazu stehen sie auch. Manche sind etwas tüttelig, aber nur aus dem Bestreben, daß alles seine Ordnung habe.

Marne, 21. Oktober 1940 (Tagebuch)

Seit drei Tagen Sonnenschein, und wir sind fertig mit den Außenaufnahmen auf dem Koog. Zur Zeit, 22 Uhr 14, schießt es am laufenden Band. Wir hatten ein Ferngespräch mit Berlin angemeldet, das aber bereits um 21 Uhr nicht mehr angenommen wurde wegen dortigem Alarm. Gestern saß Berlin sechs Stunden im Keller und wir wahrscheinlich morgen in Hamburg.

Im Auftrag der Reichsfrauenführung fahre ich nach Belgrad, um einen Bildbericht über die Aussiedlung der Deutschen aus Bessarabien, Bukowina und Dobrudscha herzustellen.

21 Uhr: Paßkontrolle, Zollkontrolle, Fahrkartenkontrolle. Ein bunter Reigen wie die Uniformen. Nach dem Protektorat Böhmen-Mähren das Ausland. Dem letzten deutschen Speisewagen-Mann habe ich noch ein Wurstbrot entreißen können. Nun ist's aus mit Essen und Trinken bis Belgrad. Ich werde versuchen zu schlafen, bis die ungarische Kontrolle nach Zoll, Paß und Fahrkarte fragt.

21 Uhr 40: Ich rase! Wanzenstiche!! Mein Handgelenk brennt beißend. Schon wieder Kontrollbeamte, von denen ich kein Wort verstehe. Der eine dolmetscht, ob ich Lebensmittel mit mir führe. Das wäre kein schlechter Gedanke. Ich bekomme Besuch im Abteil: ein männlicher Slowake, nach Bukarest unterwegs. Wenn ER die Wanzen kriegt, soll's mir recht sein.

Um halb zehn deutscher Zeit in Belgrad angekommen. Der männliche Slowake entpuppte sich als ein in der Slowakei eingestiegener Tscheche mit guten deutschen Sprachkenntnissen. Wir unterhielten uns die halbe Nacht über Musik. Er war 1936 Mitkämpfer bei der Olympiade in Berlin gewesen und schwärmte begeistert über die Gastfreundschaft der Deutschen. Berlin erschien ihm als eine Glanzstadt der Kultur und Kunst mit einem Leben von ungeheurer Vitalität.

Er vermittelte mir am Bahnhof in Belgrad einen Gepäckträger, angelte mich für die nochmalige, fremdsprachige Zollkontrolle und rief ein Taxi herbei, dem er mein Ziel aufgab. Vorsorglich lieh mir der Tscheche noch 100 Dinare, damit ich unvorhergesehenen Ereignissen nicht mittellos gegenüber zu stehen brauchte.

Gestern ging ich bis zum Mittagessen Einkäufe machen. Ich lernte dabei den Umgang mit den stets aufschlagenden Verkäufern, die erwarten, daß der Kunde handelt. Es ist alles sehr teuer, bis auf Pelze. Ein Lammfell-Mantel kostet zum Beispiel nicht ganz 200 Mark. In fast allen Geschäften finden wir einen Verkäufer, mit dem man sich auf deutsch einigen kann. Ich kaufte einen Schal. Viele und gute wurden mir vorgelegt: »Is gefällig, is gefällig« – und so bei jedem Stück, bis mir eines gefällig war. Ich bezahlte und ging. Es echote hinter mir her: »Kiss die Hand, Gnädigste, kiss die Hand!«

Die ersten beiden Tage ließ ich mir mein Essen auf mein Zimmer kommen. Dabei passierte mir dieses: Da ich so einsam und allein in meinem Zimmer hauste, erschien der Etagen-Kellner mit einem Album und präsentierte mir eine Auswahl von verschiedensten Männertypen – zu meinem persönlichen Abruf bereit!!!

Also, Mittagessen in meinem Hotel. Feinste Kalbsleber (es war fleischloser Tag!) mit Spargel und Buttercreme-Sauce. Als Nachspeise: Ananascreme mit Schlagobers! Ein Speisengedicht!!!

Der gestrige Tag endete mit einer »Pariser Garnitur«: einem Glas Joghurt, das wie reine Sahne schmeckte, und einer nochmaligen Ananascreme. Nicht zu vergessen: am Nachmittag TÜRKISCHER KAFFEE! Serviert in einer kleinen Messingkanne mit langem Griff. In dieser Kanne ist schwärzester, konzentrierter, bereits leicht gesüßter Kaffee, den man in ein Tässchen gießt und der einen ermüdeten Menschen spontan erfrischt.

Abends genoß ich mein behagliches Hotelzimmer, welches ein Bett mit zwei dicken, federleichten Wolldecken in rosa aufweist, einen grazilen, polierten Schreibtisch mit Lampe, einen eingebauten Kleiderschrank und eingebauten Waschtisch mit fließendem warmem und kaltem Wasser. Eine Wandbeleuchtung über dem Waschbecken und über dem Kopfende des Bettes. Mit weichem Teppich ausgelegter Raum, leichten, hellen Zuggardinen, zartes Tapetenmuster – allerdings mit hin und wieder verdächtigen Blutspuren! Wanzen? Nun, dafür ist es auch der Balkan.

Belgrad, 2. November 1940 (Tagebuch)

Ich wache auf, jetzt klopft es an mein Zimmer: Der Ober bringt mir mein Frühstück. Das bedeutet Kaiserbrötchen, Kipfel, Marmelade, vier dicke Butterkringel, ein Ei, Salz, ein Kännchen schwarzer Tee, ein Kännchen heißes Wasser zum Verdünnen.

Mein Mittagessen! Wieder delikat! Ganz im Unterschied zu unseren heimischen Obern genügt hier ein Aufblicken und Kopfnicken – schon hat man, was man will. Die Bedienung ist vollkommen. Ein zweites Mal das Restaurant betreten, schon kommt mir der Geschäftsführer mit einem Gruß in deutscher Sprache entgegen und führt mich zu einem Tisch, wenn möglich und frei, zu dem »Stammtisch«. Sofort den deutschen Teil der Speisekarte aufgeschlagen, kommt der Ober, der liebenswürdig berät. Fünf Minuten nach der Bestellung ist die

Mahlzeit auf dem Tisch. Ich blicke suchend auf – schon ist einer da: »Bitte, is gefällig?« Stehe ich auf – zack, sind zwei da, um mir in den Mantel zu helfen. In der Diele des Hoteleingangs »kissen« mir wieder alle die Hände, selbst der Neger, der zum Personal gehört.

Belgrad, 2. November 1940 (Tagebuch)

Es ist 1/2 10 Uhr abends, zu Hause 1/2 11 Uhr. Vielleicht sitzt zu dieser Stunde alles im Keller. Letzte Nacht war Berlin wieder heimgesucht worden. Wir hörten die Nachrichten. Das hat mir den ganzen Zauber hier zerstört. Wohl, ich genieße die Annehmlichkeiten, die mir das Leben hier in Frieden bietet: die Entspannung, Licht, Wärme, durchschlafene Nächte. Wieviel leichter kann es sich leben. Aber ich merke doch, daß diese schönen Dinge nicht allein entscheidend sind für das Leben eines Volkes. Es sind da noch andere Werte, die zu verteidigen sind vor den Annehmlichkeiten. Politik geht nicht nur die Regierung an, sondern jeden einzelnen. Viele einzelne bilden das Volk. Das Volk soll entscheiden – weiß es genug?

Belgrad, 9. November 1940 (Tagebuch)

Gestern sahen wir uns Avala an. Ein Tempel aus schwarzem Marmor, hoch oben auf einem Berg. Zu dem Tempel steigt man auf breiten Stufen an steinernen Fackelträgern vorbei langsam empor. Abends haben die Fackeln ein blaues Licht, das weithin im Land zu sehen ist.

Anschließend wollten wir noch zu den Königsgräbern – eine Stätte von unerhörter Schönheit. Als wir sie endlich auf einem Berge liegen sahen, eröffnete uns unser Fahrer, daß das Benzin nicht mehr reichen würde; wir müßten umkehren.

Wir waren aber noch keine 30 Kilometer auf dem Rückweg, als der Wagen ruckte – das Benzin war alle. Da standen wir! Was das bedeutet, kann nur der ermessen, der dies schon mal erlebt hat. Unser ganzes Glück war unser Herr Schmal, der serbisch konnte. So schoben die Männer erstmal den Wagen bis zum nächsten Dorf, eine ganz schöne Strecke. Frauen am Wege, Kühe oder Schafe vor sich hertreibend, mit der Spindel in der Hand, sahen uns erstaunt nach. Im Dorf mußte unser Schmal feststellen, daß es wohl Telefon, aber nur nach dem nächsten Dorf gab. Das war also nichts. Es blieb die Möglichkeit, mit einem Zug nach Belgrad zu fahren, um dort Hilfe zu holen. Da sahen wir einen Wagen heranbrausen – der erste und einzige während unserer ganzen Fahrt. Anhalten! Unser serbisch sprechender Mann vor!

Was ist los? Erst einmal: »Heil Hitler« auf beiden Seiten. Ein Gruppenführer vom NS-Kraftfahrerkorps. Wir bekamen Benzin und konnten Belgrad wieder erreichen. Aber man denke sich, wenn dieser Wagen nicht gekommen wäre … Wir säßen immer noch da, und lieben tun sie uns auch nicht. Zur Zeit ist dicke Luft!

Nun Schluß für heute. In einer Stunde per Bahn nach Bukarest.

Storaja, 9. November 1940 (Tagebuch)

Erste Station in Rumänien nach der jugoslawischen Grenze. Ein rumänischer Beamter machte unseren kleinen Transport von elf Deutschen, meist Schwestern auf der Fahrt nach der Bukowina, darauf aufmerksam, einmal aus dem Fenster zu sehen. Da standen Volksdeutsche aus dem Banat: Männer, Frauen, Kinder, eng zusammengedrängt auf dem kleinen Bahnhof. Große Blumensträuße in den Händen. Der Zug rangierte. Diszipliniert warteten alle geduldig, um nicht von den Beamten zurückgewiesen zu werden. Als wir endlich auf dem richtigen Gleis standen, begrüßte uns eine helle Frauenstimme im Namen der Volksdeutschen aus dem Banat Rumäniens und brachte ein dreifaches »Sieg Heil auf den Führer des Großdeutschen Reiches« aus. Ein Lied folgte: »Braun wie die Erde ist unser Kleid, junge Soldaten in sturmschwerer Zeit …« Dann löste sich die geordnete Gruppe. Alles sprang an den Zug, und zahllose Hände mit Blumensträußen streckten sich uns entgegen. Wir griffen zu, in wenigen Augenblicken hatten wir die Arme voller Blumen. »Wie geht's Euch?« fragten wir. »Jetzt besser, nachdem wir wieder Rechte haben!« Kräftiges Händedrücken, aufleuchtende Gesichter, und der Zug fuhr wieder an. Soweit es möglich war, liefen die Jungen in wildem Galopp neben dem Zug mit. Im letzten Augenblick wurde mir ein Paket in die Arme gedrückt, mit den Worten: »Laßt es Euch gut schmecken!« Warme Krapfen waren darin, die wir mit Behagen vertilgten.

Cugealac in Rumänien, 11. November 1940 (Tagebuch)

»Wir sind bei der Familie Lucas. Das Ehepaar hat sieben Kinder. Das jüngste ist fünf Jahre alt; die älteste Tochter hat vor zwei Tagen ein Baby zur Welt gebracht. Die Aufregung der bevorstehenden Auswanderung und ein Malariaanfall hatten die Frühgeburt herbeigeführt. Jetzt liegt sie in einem Bett in einem völlig ausgeräumten Zimmer. Ihre Augen glänzen fiebrig. Ihr Baby liegt in Hüllen eingepanzert wie eine Mumie in ihrem Arm. In acht Tagen soll die Familie mit der großen Fahrt beginnen.

Wir sehen uns das Haus an, das einstöckig und geräumig ist. Alle Zimmer sind bereits leer. Die Möbel, die nicht mitgenommen werden dürfen, sind wohl zu Geld gemacht worden. In einer Stube steht Koffer an Koffer auf der Erde, noch geöffnet. Bauer und Bäuerin haben viele Fragen. Die Familie ist bedrückt und ängstlich. Sie sagt: »Es ist doch so eine Fahrt ins Dunkle. Hier weiß man, was man hat, obwohl es nicht viel ist und man wenig Rechte hatte und das meiste abgeben mußte. Aber von der Zukunft weiß man nichts. Wir kommen gern, aber es ist nicht leicht, alles aufzupacken und fortzufahren. Sie wissen, daß es schön ist, wohin wir kommen – wir wissen es nicht.«

Vieh und Pferde dürfen nicht mitgenommen werden, das bleibt auf dem Hof für die neuen Siedler aus dem Land. Die Söhne der Familie Lucas sind bereits in der volksdeutschen Hitler-Jugend; sie sind sattelfest in vielen Liedern, wie sie unsere Jungen singen. Die Jungen gehen natürlich mit Enthusiasmus in das Erlebnis der Auswanderung.

◁ Deutsche Umsiedler aus der
Dobrudscha (Rumänien) gehen in
Cernavoda/Donau an Bord ihres
Transportschiffes (1940)

Auf der Donau

Meine Eltern schenkten mir zu Weihnachten einen Lapislazuli-Ring. Der Stein war in einen Goldreif gebettet, der Gravuren nach einem griechischen Vorbild trug. Diese Arbeit war zu irgendeiner Zeit bei Verwandten von uns in Idar-Oberstein von einem Herrn in Auftrag gegeben worden. Als meine Eltern sich nach einem Ring umsahen, den sie mir schenken könnten, empfahlen diese Verwandten eine Zweitausgabe dieses sonst einmaligen Ringes. Der Ring gefiel, ich bekam ihn. Mit der Geschichte, daß es nur noch einmal auf der Welt den gleichen Ring gibt.

Und nun, am Schwarzen Meer, in der Dobrudscha, in einem Dorf namens Cugealac, in einem bereits bis auf einen Tisch und ein paar Stühle leeren Haus, sitzt unsere kleine Gruppe zusammen, um Suppe zu essen. Da kommt ein deutscher Mann dazu, setzt sich neben mich – und hat was an seiner Hand? Den Ring Nr. 1 – der ursprüngliche Auftraggeber von Idar-Oberstein. Wir halten die Hände nebeneinander. Die Ringe sind sich begegnet.

Am Abend des 11. November haben wir im Restaurant Luther gegessen. Wir hörten deutsche Nachrichten in ihrer ganzen Länge, selbst als ein rumänischer Offizier dagegen Einspruch erhob. Als wir zu Ende gehört hatten, stürzte er vor und stellte rumänische Nachrichten ein. Wir verhielten uns ruhig. Das reizte ihn. Er beschwerte sich beim Wirt, daß der Geiger und sein Klavierpartner deutsche Musik spielten. Ich muß hinzufügen, daß der Wirt das Lokal als deutsches Lokal führt, und es zur Zeit fast ausschließlich von Deutschen besucht wird. Einer unserer Männer schwoll an, aber unsere Dolmetscherin riet, selbst den geringsten Streit zu vermeiden. Wir entschlossen uns zu einer Geste. Wir winkten den Geiger herbei, ließen 100 Lei bei ihm verschwinden und baten, den rumänischen Offizier von der mit uns befreundeten Nation aufzufordern, ein rumänisches Lied zu bestellen. Es geschah, er war gänzlich verdutzt. Der Geiger spielte, wir spendeten Beifall. Die Spitze eines Streites war gebrochen. Später entschuldigte ein anderer rumänischer Offizier seinen Kameraden.

Registrierung im Zwischenlager Semlin bei Belgrad (1940)

Cernavoda, 14. November 1940 (Tagebuch)

Wir stechen in die Donau, der Heimat entgegen! Der Herr Kommandant von unserer »Franz Schubert« bemüht sich höchstpersönlich um uns. Die ganze Besatzung ist eine Familie, und wir sind für vier Tage in sie aufgenommen. Ich fühle mich wie bereits zuhause. Das einzige, was die Stimmung trüben könnte, ist das Flohspringen. Außer unseren

Dobrudscha-Deutschen siedeln auch Flöhe und Läuse um. Ich bin schon zur Hälfte mit Seife eingeschmiert, das beruhigt, ist aber nicht unbestechlich!!

An Bord, 15. November 1940 (Tagebuch)

Kann man wegen Flohstichen verrückt werden? Ich fürchte, darüber zu verzweifeln. Bin über und über mit angeschwollenen Flohstichen bedeckt, die mir Qualen bereiten. Noch drei Tage auf dem Schiff! Und nicht kratzen wegen Blutvergiftungsgefahr. Die Haare stehen mir vor Ekel zu Berge, wenn ich mich ansehe. Der Himmel bewahre mich noch vor Läusen!!!

An Bord, 16. November 1940 (Tagebuch)

Ich besauf mich meiner Flöhe wegen. Nüchtern kann ich's nicht mehr ertragen. Um einmal Erleichterung zu haben, wollte ich mich in die Donau stürzen und vom Schiff hinterherziehen lassen. Der Kommandant lehnte diesen Vorschlag ab. Morgen abend sollen wir Belgrad-Semlin erreichen. Der Himmel gebe es!

So, nun habe ich den vierten doppelten Cognak hinter mir, und die Wirkung ist absolut spürbar, aber trotzdem: Es juckt, es juckt! Wenn nur kein Nebel kommt, und wir morgen abend Belgrad erreichen. Ich muß sofort ein Bad nehmen – ich werde glatt meschugge!

Belgrad, 19. November 1940 (Tagebuch)

Alle Umsiedler waren an Deck, als wir am Lager Belgrad-Semlin anlegten. Musik trat klingend zur Begrüßung an, und viele Hände warteten, um den Aussteigenden auch die geringste Last abzunehmen. Feierlich verließ als erste unsere junge Mutter mit Kind auf dem Arm das Schiff, und alle schauten schweigend zu. Es war ja ein weiterer Schritt zur Heimat, für die sie freudig alle Strapazen der Reise auf sich nahmen.

Belgrad, 30. November 1940 (Tagebuch)

In diesem einen Monat habe ich nur ein wenig in all dies hineingeschaut. Ich habe mir von jedem und jeder erzählen lassen über die verschiedensten Eindrücke. Aber alles ergibt noch nicht die Summe von Jugoslawien. Man muß sich vor schnellen Urteilen hüten. Genauso wie ich hoffe, daß die Serben nicht von uns auf ganz Deutschland schließen mögen.

Wir bekommen kein Geld, um mit einem fahrplanmäßigen Zug nach Graz fahren zu können. So müssen wir mit einem Umsiedlertransport in die Heimat. Das bedeutet wieder Flöhe! Das einzig Gute: Wir werden etliche Päckchen ins Reich einschmuggeln können! Wir haben Stunden mit Mühe und Sorgfalt gepackt. Die immerhin zahlreichen Pakete sind in mein Regencape gehüllt und stellen damit ein Original-Umsiedlergepäck dar. Um 7 Uhr abends geht der Zug ab Semlin. Wir fahren mit dem Taxi auf den Bahnsteig hinauf. Unter den Augen jugoslawischer Beamter schleppe ich in Seelenruhe mit beiden Armen die eingehüllten Schmuggelpakete. Die Beamten sehen zum Fenster herein, ins Abteil. Wir grüßen freundlich. Nun noch eine lange Nacht im Sitzen dahinschaukeln, und ich bin in der deutschen Heimat. Juchhu!

Liebster Kuddel!

Die letzten Wochen waren wütende Arbeitswochen, und Du mußtest zu kurz kommen. Dagegen verwöhnst Du mich mit Leckerlis und vielen anderen schönen Dingen. Zuletzt mit einer sehr schönen Sommerwäsche. Prima, und einen lieben Kuß dafür.

Nun mußte ich bis in dieses häßliche Leipa fahren, um diese Zeilen in Ruhe schreiben zu können. Das ganze »Großdeutsche Reich« wirbt für alle möglichen sozialen Einrichtungen, und ich bin eine der wenigen, die Bildmaterial über diese Themen hat.

Kuddel! Bruder Heinz hat einen leichten Streifschuß am rechten großen Zeh! Und dieser Zeh oder dieser Schuß hat ihn zu uns nach Deutschland gebracht und 14 Tage in unsere liebenden Arme. Wir freuen uns unbändig!

Unsere Feinde haben sich Berlin vor drei Nächten ganz schön vorgenommen. Zwei Stunden rollte, grollte, krachte es über Schöneberg. Etliches ist Schutt und Asche, doch »nichts Bedeutendes« – außer dem Leben einiger Zivilisten. Man kann nie wissen, wann man selbst drankommt.

Ich küsse Dich recht inniglich – Lilo

Kindererholung in Böhmisch Leipa
(1940)

»Frauenhilfsdienstmädel« in einem
Kindergarten der NSV (»Nationalsozialistische Volkswohlfahrt«)

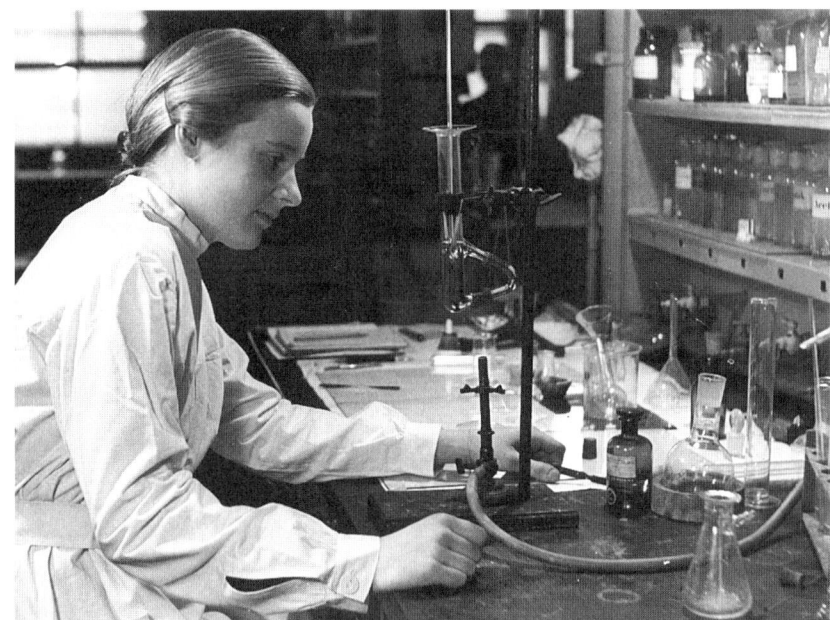

Laborantin

Schwesternschülerinnen am
Tropeninstitut Hamburg (1941)

Straßenbahnschaffnerin in Berlin
(1940)

Schuhaustauschstelle der »Nationalsozialistischen Frauenschaft«
(Berlin, 1941)

Mein Kuddel!

Es ist erst 23 Uhr. Eine Stunde schlief ich bereits, nachdem ich mit Mühe warm geworden war. Ein nervöses Frieren ist über mich gekommen. Obwohl äußerlich warm, geht mir eine Eiseskälte durch das Gebein. Gut ist es, daß man nur in den seltensten Augenblicken, gleich einem Aufriß durch die Wolkendecke, die volle Schwere des Lebens sieht. Wer wollte, solchermaßen vom Anblick zerschmettert, noch einen mutigen Atemzug tun! Die Frage ist zu stellen: Ist es nicht Egoismus, Kinder haben zu wollen? Wäre es nicht besser, alle Qual des Lebens ihnen zu ersparen, statt sie ihnen zu schenken? Was bleibt nun uns? Wir müssen den Kopf hinhalten und uns schlagen lassen. Kommt mal ein fröhliches Lachen auf, so dünkt es einem eine Unge-hörigkeit in dieser Zeit voll Jammer und Elend. Gestern erfuhren wir, daß Alfons Galette ein Bein bis übers Knie abgenommen werden mußte, und Oskar Huber gefallen ist. Verstümmelt bei einer Vorhut. Um uns herum trauernde Eltern, Bräute und Frauen und die Welt in gegenseitiger Vernichtung. Der Mensch ist so erschütternd hilflos seinem Schicksal gegenüber, und wer will es erhobenen Hauptes ertragen? Wer kann es! Mein Kuddel, ach mein Kuddel!

Deine Lilo

Hallo, ich möchte Kuddel sprechen! Irgendeine mausgraue Unterkunft in Rußland, aber Kuddel muß es sein! Kuddel!! Hörst Du mich? Ja? Du, ich bin momentan in Prag. Ich habe noch gar nicht gehört, wie es Dir geht, und was Du jetzt sagst, ist so schlecht zu verstehen. Es wird Dir gut gehen, es muß! Denke nicht, daß Deine Kriegsberichte mich mehr beunruhigen, als es der Krieg allgemein tut. Ich habe keine Illu-sionen über die Härte des Kampfes im Osten. Die Wochenschauen sind nicht zartfühlend, und ich kenne genügend Berichte und auch Bilder, die so grauenvoll sind, daß sie nicht veröffentlicht werden, obwohl es für Schwätzer notwendig wäre, daß sie die brutale Wirklichkeit einmal vor Augen gehalten bekämen.

Weißt Du überhaupt, was ich in Prag treibe? Hier ist in einer kost-baren Villa eines millionenreichen Juden eine Führerinnen-Schule der Studentinnen, und da mache ich Aufnahmen. Denke, ich habe Aufträge schon bis August nächsten Jahres.

Du, letzte Woche war in Berlin Internationales Frauentreffen, von dem alle Zeitungen voll waren. Ich war im Auftrag der »Eleganten

Welt« dabei. Sonst habe ich auch aktuell bildberichtet, so als einzige beim Tee-Empfang bei Dr. Goebbels.

Lieber Orgelmann!
Du bist also jetzt mein Wachtmeisterchen! Vor kurzem war ich in »Minna von Barnhelm«. Und da war der Herr Wachtmeister eine sehr treue, gerade Natur. Franziska – in unserer Sprache: eine muntere, lebenssprühende Biene, summte um den Herrn Wachtmeister herum, der ihr, vollends um den Kopf gebracht, am Ende versprach, sie zur Frau Generalin – oder zur Witwe zu machen.

Alle Personen, die keine Züge benützen wollen, werden gebeten, aus luftschutztechnischen Gründen den Bahnhof zu verlassen. – Das höre ich, als ich durch die Sperre gehe. Zehn Minuten später, im Zug, gehen die Sirenen los. Etwas alt und heiser, aber immerhin. Meine Schlafwagengenossin bedauert ihre eben erst in einem Sanatorium reparierten Nerven. Wie ich höre, hat ganz München für morgen oder übermorgen den Alarm erwartet, weil man munkelt, daß der Führer zum »9. November« kommen wird. Der Zug schleicht dahin, hoffentlich kriegen wir nicht zu viel Verspätung. – »Achtung, Augsburg Hauptbahnhof, wir haben Fliegeralarm, wir haben Fliegeralarm! Zug fährt sofort wieder ab.« – Von mehr weiß ich nicht. Eine Stunde vor Berlin weckt mich der Schaffner.

Ich freue mich, einen kleinen Auftrag von Dir zu haben, obwohl er schwieriger auszuführen ist, als Du annimmst, denn die Buchauswahl – war einmal! Es bleiben grauenvolle Kriegserlebnisse, die in neuen Büchern alle Tage erscheinen, und die kein Mensch lesen will, weil uns das viel zu nahe liegt. Trotzdem, es geht in Ordnung!

Mein Kuddel!
In der Nacht stand ich aufrecht und einsam auf einem weiten Feld.
Flieger hatten mich »ausgemacht« und ließen ihre Bomben auf mich
herunterfallen. Sie krepierten um meine Einsamkeit herum, daß
Splitter und Dreck mir um die Ohren pfiffen. Ich keuchte und war
schweißgebadet. Ich riß mich aus dem Traum. Im Badezimmer aß ich
einige Pillen und kroch wieder ins Bett. Es wurde nicht besser. Artillerie schoß in ein Dorf. Ich, mitten auf der Straße, wußte nicht, wohin
rennen und welches Haus zuerst in Trümmer gehen und mich unter
sich begraben würde. Ein Alp, eine Last schien mich erdrücken zu
wollen. Dann prasselten die Steine im Einsturz, rasselten um mich
herum, streiften mich – ganze Steinquader sah ich über mir sich lösen,
um mich zu zerschmettern. Meine Verzweiflung war rasend, aber ich
blieb unversehrt. Die Qual, solange zu warten, bis es endlich aus sein
sollte, und es schien unabwendbar – diese Qual war größer als die
Gewißheit des Endes. Zerschmettert wachte ich um 1/2 6 Uhr auf.

Mein großer Herr Leutnant, ich begrüße Dich! Eben schießen im
Radio die Batterien vor Leningrad. Da bist Du dabei! Orgelmann!!
Orgelmann!! Etwas anderes geschah mir im Gedränge der U-Bahn.
Dein Gesicht neigte sich zu mir, die ich etwas müde herumstand, und
Du sahst mich mit solch tiefer Innigkeit an, daß mich eine grenzenlose
Zärtlichkeit zu Dir ergriff. Einmal nur wieder von Deiner Liebe
umfangen sein und geborgen gegen alles, was mir Schmerzen macht.
Schön! Jung sein mit Dir. Wäre ich nur noch kleiner, daß ich Platz in
Deiner Tasche hätte.

Ja, da staunst Du, mein Kuddel … Weißt Du – natürlich nicht –, daß
Du mir in der Karfreitagsnacht erschienen bist? Mitten in einem
schwarzen, tiefen Schlaf erschien Dein Gesicht. Nur Dein Gesicht!
Drum herum war alles dunkel. Und Deine Augen zwangen meine, aus
meinem tiefen Schlaf aufzusehen, und Deine Augen drangen in mein
Inneres, sprachen mit eindringlichster Intensität, löschten gleichsam
meinen Willen, löschten mich überhaupt aus, daß es mich gar nicht
mehr gab – und es blieben Deine Augen allein, Deine Kraft, die mich

zu Dir emporhob. Seit Karfreitag bin ich durchdrungen von Dir. Ich gehe herum, sehe und fühle Dich in all meinem Tun.

Straßburg, 6. Mai 1942

Mein Kuddel, oh mein Kuddel ... Da sitze ich nun weit fort von Dir. Ich habe schmerzhafte Sehnsucht. Sei bei mir, nur diese eine Nacht, mein Kuddel. Mein Hotelzimmer ist eine kleine Wohnung mit Extra-Eingang. Da sitze ich sehr alleine: Komm mit, tritt mit mir auf den würzig duftenden Balkon und schaue in die Nacht, die langsam über Straßburg niedersinkt. Es ist sommerlich warm. Spürst Du, wie schön es ist? Die Jugend ist so kurz, das Alter so lang. Manchmal denke ich an das einzig Gute des Alters: die begrabene Sehnsucht. Erst lebt man, weil man geboren ist, dann lebt man, weil man lebt und zuletzt, weil man noch nicht gestorben ist. Bitter. Die warme Nacht hat Schuld, mein Kuddel. Es würgt mir die Kehle. Ich habe Rotwein getrunken, schönen französischen. Jetzt eine Seltenheit! Aber ich habe niemandem zutrinken dürfen.

Straßburg, 13. Mai 1942

Das Wetter ist blau und sonnig. Ich sitze unter Kastanien. Blütenblätt-chen rieseln durch den leise wehenden Wind. Das Wasser der Ill fließt träg und grün. Angler sitzen am Fluß. Es ist warm. Über dem Musik-Konservatorium schwebt eine duftige Maienwolke. Die Stimme einer Oboe erhebt sich. Hier hat sich mein Großvater mit Schülern geplagt. Die großangelegte Straße hinab sehe ich direkt auf die Universität. LIBERTIS ET PATRIAE. Hier studierte mein Vater Jura. Die kleine Wilhelmerkirche sah meine Eltern als Brautleute. Auf einem Bänkli, neben einer alten Frau, sitze ich in der Sonne. Schulkinder kommen vorbei mit klappernden Holzsandalen. Die Straßburger Waschpritschen sind in Betrieb. Ein Pfäfflein mit fliegendem schwarzen Rock radelt über die Brücke. Schwalben jubeln hoch in den Lüften. Der Münster-Turm erscheint in immer neuen Farbtönen. Es schlägt Mittag. Im Kammerzellschen Haus am Münsterplatz, dem schönsten alten Haus in Straßburg, gibt es ein schmackhaftes Essen auf elsässischem Geschirr. Ein Schoppen Wein gehört dazu wie das Stück Brot zur Suppe.
    Eine Sondermeldung!
    »Die Schlacht auf KERTSCH entschieden!« Voller Sieg für uns. Alles nickt sich freudig und stolz zu. Schlacht! Wie fern, wie erregend klingt das im frühlingsblühenden Elsaß. An Hans Sachsens »süßduften-

den Flieder« aus den Meistersingern muß ich oft denken, bei dem malerischen Anblick der alten Fachwerkhäuser hier. Sinnt er nicht noch in die schwerduftende Dämmerung einer Johannisnacht – und hat sein »Wahn, Wahn, überall Wahn, wohin ich blick …« nicht heute mehr denn je Gültigkeit?

Berlin, 7. Juni 1942

Mein Orgelmann!
Ich sitze immer noch im Nachthemd am Schreibtisch. Davor habe ich auch mal in den Spiegel gesehen, also, das steht mir wirklich zu meiner braungebrannten Haut, toll! Du müßtest mich sehen! Jeder Augenblick ist schade und verloren, in dem ich gut aussehe und Du mich nicht siehst! Herrgott, man ist doch noch so jung und muß so tun, als ob das junge Leben ein Kloster wäre!! Ein wenig geigen werde ich jetzt noch oder auf dem Liegestuhl im Dunkeln auf dem Balkon in die sommerlichen Sterne schauen.

Lebe wohl, alle Sternlein behüten Dich – und Deine kleine Liselotte

Berlin, 20. Juni 1942

Mein Kuddel!
Es ist mir in höchstem Grade ungemütlich, Dich in diesem Schlamassel zu wissen. Paß gut auf Dich auf! Ich weiß immer noch genau, Du wirst behütet bleiben, doch mußt Du stets aufmerksam sein. Ich möchte Dir meine Zuversicht schicken und sie um Dich hängen – ein Wall, unzerstörbar. Ach Kuddel, behüt Dich Gott, wie es meine Gedanken tun.

Immer Deine kleine Lilo

Bukarest, 4. Juli 1942 (Tagebuch)

Aufnahmen in einem rumänischen Militärlazarett! Es geht in einen Operationssaal; ein Mann liegt messerbereit seit einer Stunde wartend auf dem Tisch. Die Lampen sind kaum angeschlossen, als dem Kranken am Bauch geschnitten wird. Eine Narkose hat er nicht erhalten. Erst hat er mich angegrinst, jetzt aber verbeißt er sich heftige Schmerzen. Er wird immer blasser! Eine der weißgekleideten und märchenhaft bemalten Damen der höchsten Gesellschaft leistet »Kriegsdienst«, das heißt, sie geht ab und an ein Tüchlein mit Wasser befeuchten, um es dem Schmerzverzerrten auf die Stirn zu drücken. Die Dame wird nicht versäumen, mit Augenaufschlag zur Kamera zu blicken. Sie ist durch und durch zufrieden. Die Szene ist groß! Den Chirurgen fallen einige Bestecke herunter. Nach zehn Minuten ist der Darm wieder gut im Bauch versteckt, die Operation beendet. Irgendjemand macht uns auf die Sauberkeit im Lazarett aufmerksam. Muß man darauf aufmerksam machen? Doch als der Kranke vom OP-Tisch gehoben wird, sehen wir ein sehr schmutziges Laken. Der nächste kommt wieder darauf.

Verwundete rumänische Soldaten
in einem Lazarett in Bukarest
(1942)

Ich freue mich wahnsinnig, ich freue mich übermächtig! Hada und ich sind vom MARSCHALL ANTONESCU empfangen worden!

Um kurz vor 11 Uhr holte uns der offizielle Wagen mit weiß-gekleidetem Chauffeur ab. Wir fahren zum Privathaus der Marschalls und seiner Gattin. Wir werden durch einige Räume geleitet, uns erwartet zuvor ein kleines Frühstück. Die Frau Marschallin schreitet liebenswürdig voran, Diener zur Rechten und zur Linken. Die Räume voller dicker Teppiche. Einer über dem anderen! Was passiert mir?

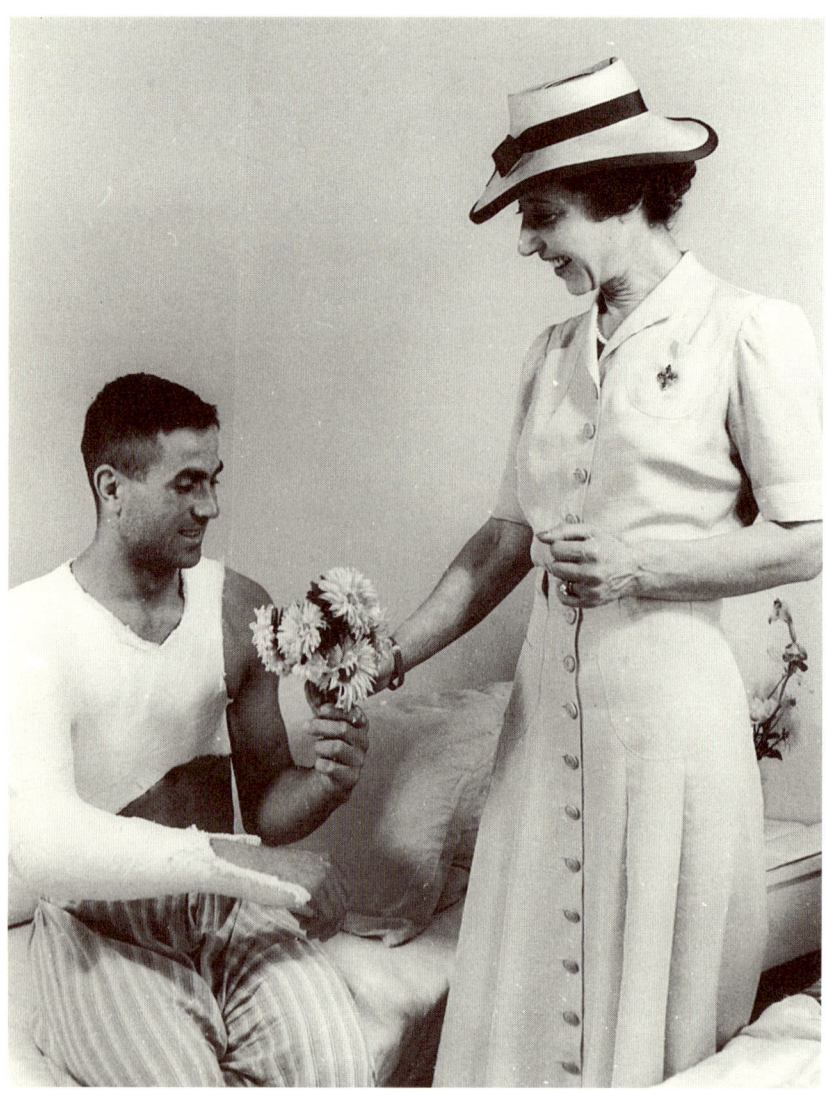

Die Ehefrau des Marschalls Antonescu besucht ein Waisenhaus und einen verwundeten Soldaten (1942)

Meine rechte Schuhsohle schlappt, der Schuh ist kaputt. Eine Teppich-
brücke nach der anderen wird beim Überschreiten von der losen
Schuhsohle umgelegt. Mir verschlägt's den Atem. Ein wenig zurück-
schauend, sehe ich, wie der Diener hinter mir sich diskret bückt und die
umgeschlagenen Teppiche wieder in Ordnung bringt. Und jetzt darf
mich Hada ja nicht ansehen, sonst brülle ich vor Lachen! Und noch
etwas passiert den beiden hungrigen Deutschen. Die Marschallin wird
vom Frühstückstisch nach draußen gebeten. Als sie auf sich warten läßt,
übermannt uns der Anblick der Köstlichkeiten: und es gibt kein Halten,
wir schlingen das ganze Angebot in uns hinein. Oh Schande!

Wir meinen bei der zurückkehrenden Marschallin ein Stutzen zu
bemerken, jedoch – sie bewahrt Haltung.

Im Garten, bei blühenden Blumenbeeten, einer schönen hängenden Weide, einem Wasserbassin, in dem in Kürze zwei drollig wilde
Foxterrier und ein großer rassiger Schäferhund herumtollen, mache ich

meine Aufnahmen. Mal farbig, mal schwarz-weiß. Mal die Marschallin in Tracht mit den Hunden, mal im Gespräch mit dem Ministerpräsidenten Professor Mihai Antonescu.

Ein Wagen fährt vor: Der MARSCHALL persönlich! Auf meine Bitte zieht sich Frau Antonescu noch einmal um, und dann, ja dann kommt die Erfüllung unseres sehnlichsten Wunsches: Der Staatsführer von Rumänien, der MARSCHALL ANTONESCU, begibt sich mit seiner Gattin zu uns in den Garten. Hada und ich haben unseren großen Tag! Wir sind in strahlender Form.

Nach den Aufnahmen noch ein kleiner Imbiß. Auf silbernem Tablett kleine Kaviarbissen und auf Tellern Tomatenscheiben und Käsestückchen, in denen Holzstäbchen stecken, an denen man sie aufnahm und verzehrte. Dazu gibt es einen ausgesucht guten Schnaps!

Wie fing es an, wie hockten wir staubig, dreckig, müde auf Leiterwagen in Sonnenglut, und wie endete unsere Rumänien-Reise: Beim Staatsführer des Landes! Wir können zufrieden sein.

Siebenbürgen

Fluchtburg in Siebenbürgen

Sonntäglicher Kirchgang in der Festtracht (Rode in Siebenbürgen, 1942)

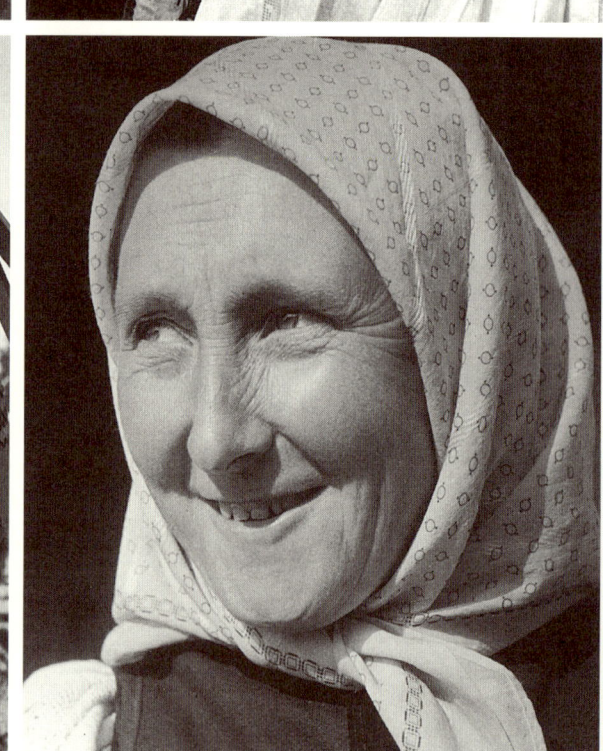

◁ Bäuerliche Gesichter aus Rode
(1942)

Schuljunge aus der Batschka,
einer Landschaft zwischen Donau
und Theiß (Ungarn, 1942)

Lieber guter Kuddel!

Ein einziges Geschehen kann den Menschen vom Tage vorher trennen, als lägen Jahrzehnte zwischen heute und gestern. Mit dem Tod meines Bruders Heinz ist auch meine Jugend zu Ende gegangen. Heute Nacht träumte ich von ihm: Die Eltern und ich saßen um den abendlichen Tisch, die Tür ging auf und strahlend frisch und lieb besorgt, wie stets, kommt er auf uns zu. Heinz! Heinz! Ich habe ihm seinen Namen aufatmend entgegengejubelt. Dann sah ich das aufsteigende Glück in den Augen meiner Mutter. Und ich frage ihn: »Und Du bist nicht tot – und sie haben doch Deinen Sack mit den Sachen geschickt, brauchst Du sie nicht mehr?« Und Heinz lacht leicht und sagt: »Aber nein, ich lebe, Ihr braucht mich doch – die Mutter, der Vater, Du.« Ich sah ihn so lebendig vor mir, daß er im Wachen jetzt um mich ist. »Aber ich lebe doch!« Für uns, die wir weiterleben müssen, lebt er ja auch. Ja, vielleicht soll man sich auch gar nicht an das Gesicht des Todes klammern, dies geht über die Fassungsgrenzen des Menschen. Solange wir leben, lebt er auch, und das Bild des Lebens soll der Mensch nicht zerstören wollen. Er ist ja auf Schritt und Tritt bei uns, um uns, in uns! Sollen wir ihn von unserem Leben zurückweisen in die Bezirke, in denen er jetzt weilt und von denen wir nichts wissen? Er wird immer mit uns zusammen weiterleben, durch ihn und durch die Zwiesprache mit ihm werden wir Vertiefung erfahren …

Immer Dein Lilo

2 Willst Du meine Witwe werden?

Geb sie mir Ihre Hand, Frauenzimmerchen!
Topp! – Über zehn Jahr ist Sie Frau Generalin oder Witwe!

Lessing, »Minna von Barnhelm oder Das Soldatenglück«

Ukrainisches Dorf (1942)

Blick über den Dnepr (1942)

»Frauenschaftsführerinnen«
und deutsche Soldaten in Kiew,
der Hauptstadt der Ukraine,
und am Dnepr (1942)

Lieber guter Orgelmann!

Jetzt sitzen wir wieder mal im Keller, und höchstwahrscheinlich haben wir für die Zukunft allerhand zu erwarten. Zur Zeit schlägt das Grauen über diesen Krieg bedrückend über mir zusammen. Es ist ein solches Elend überall und so wenig Licht für kommende Zeiten. Der Tod von Heinz wird mir täglich unfaßbarer und schmerzlicher. Bis jetzt konnte ich nie fassen, wenn ich die Worte »gefallen, verstorben« hörte, auf wen eigentlich sich das bezieht. Und wenn ich das Leid meiner Eltern ermesse, senkt sich eine Schwere auf mich, die ich fast nicht zu ertragen vermeine. Umso größer wird meine Sehnsucht nach Dir. Daß Du kommst – endlich, endlich! Wie schön!

Dein Lilo

MEIN Kuddel!

Und so beginne ich wieder die Reihe vieler Briefe, nachdem Du endlich, endlich auf Urlaub gewesen bist. Gewesen bist! Es ist eigenartig, an welchen Augenblicken die Gedanken besonders hängen. Geht es Dir auch so? Der intensivste war der, als ich Dein Gesicht unter hunderten von Menschen auf dem Lehrter Bahnhof auftauchen sah. Ich habe es gewissermaßen neu gesehen, und so, wie ich dastand, gehörte ich Dir von Kopf bis Fuß. Verzweifelter und todtrauriger als ich konnte kaum ein Mensch sein, und Du bist da, mit einem ungeheuren Mut, mich für Dich und mit Dir zu einem strahlenden Leben zu gewinnen. Geht es endgültig gut mit uns, so bin ich der Mensch, den Du Dir selbst geschaffen hast. Du mußt ihm nur vertrauen, sagst Du, er hilft Dir schon. Du bist ja gar nicht mehr allein, seine langen Arme nehmen auch Deinen Teil noch mit auf. Du kannst zu ihm kommen, womit Du willst, er ist da. Schön, ja? Unfaßbar schön! Ja, und wenn dann andere Zeiten kommen, wenn er, wenn ich – Unsinn, lebe erst! Erst leben, ja das möchte ich, lichterloh leben. Herrgott, was für ein Berg hielt mich begraben. Und nun beginnt es frei und licht zu werden.

Ich küsse Dich! Dein »Liebes«!

Mein Orgelmann!

Die ganze Arbeiterei ist doch Bluff. Die Arbeit hat wieder einen Tag weiter geholfen, wozu? Die Arbeit hilft, aber sie macht nichts gut. Einmal kommen Minuten der Ruhe und Besinnung, und dann sieht man, daß nichts, nichts Bestand hat vor dem einen großen Schmerz, der das Leben übermächtig ausfüllt. Dann möchte ich eine Statue sein, eine Statue der Trauer. Ich möchte eine Statue sein, die sich dieser Erkenntnis ungehemmt hingeben kann, die dem Leid, dem Tod und dem Leben nachsinnen darf, ohne die Zumutung, plötzlich aufzustehen und die allzeit muntere zu markieren. Warum brüllt hier nicht mal einer! Warum gehen sie alle so tapfer, so in sich hineinfressend herum, als wäre nichts geschehen! Wenn alle brüllen würden, die da bis ins Tiefste getroffen sind, würde der Schrei nicht alle Schlachten übertönen, daß die Menschen entsetzt über ihr Tun innehielten?

Berlin, 16. Dezember 1942

Mein Kuddel!

Du, heute rief der Hauptschriftleiter von den Schulungsbriefen der NSDAP an. Ich glaubte, nicht recht zu hören. Keine »nordischen Gesichter« mehr. Keine schmalen blonden Köpfe. Bevorzugt ist die bewegliche und meist intelligentere Rasse – die slawische. Wahrscheinlich wollen wir den Osten germanisieren. Daß die nordischen Typen samt und sonders keine besonderen Begabungen hervorrufen, weiß man schon länger, deshalb machte man daraus, was alle erwerben können: die »nordische Gesinnung, die nordische Geisteshaltung«. Ich bin gespannt, was aus den Rasseforschungen noch alles herauskommen wird. Wir werden nur hören, was wir hören sollen.

Laß Dich lieb küssen von Deiner immer noch so kleinen Lilo

Krakau, 10. Januar 1943 (Tagebuch)

Der größte Platz Krakaus mit der alten Tuchhalle, der gotische Turm, die schöne mattrote Marienkirche, dann die Gassen und Straßen, die massive breitgelagerte Burg an der Weichsel, das Floriantor mit der runden Bastei – das alles macht einen rein deutschen Eindruck. Ich habe keineswegs den Eindruck, in Polen oder im Ausland zu sein. Es laufen in dem deutschen Stadtbild so viele Deutsche herum. Die Polen haben ihre eigenen Geschäfte und Gasthäuser – man fühlt sich wie zu Hause. Juden sieht man keine mehr.

Es ist bitterkalt! 24 Grad Kälte. Auf dem Flugplatz weht ein eisiger Wind. Wir wollen Verwundetenbetreuung aufnehmen. In die Baracke mit den zwei Kanonenöfen werden zwei Verwundete hereingetragen. Sie sollen mit der bereitstehenden JU zur Spezialbehandlung nach Berlin. Doch die JU ist plötzlich auf und davon geflogen und hat die armen Kerle liegengelassen.

Wir sind bis um 3 Uhr nachmittags, bis zu den letzten Sonnenstrahlen, auf dem Flugplatz. Es ist keine JU mehr gekommen. Die beiden Verwundeten müssen bei der Eiseskälte wieder zurück in ihr Lazarett. Morgen müssen sie erneut die Qualen des Transports auf sich nehmen.

Der eine hat einen zerschmetterten Arm und eine schwere Kopfverletzung. Der andere liegt bleich und apathisch. Den ganzen Tag liegen sie in der Baracke, den ganzen Tag hören sie den Höllenlärm der unausgesetzt landenden und startenden Flugzeuge, und den ganzen Tag hören sie das lautgehende Radio, das Ein und Aus der Türe.

Frauen als Flugzeugmechanike-
rinnen. Abtransport von Verwundeten (Lemberg 1943)

Mein Kuddel!

Die Schwere der Zeit belastet mich so, daß ich tatsächlich hin und wieder ins Gegenteil falle. Dann muß ich einen solchen Schnack sagen, daß alle zum Lachen mitgerissen werden. Ich nenne das eine Art Selbsterhaltung, und wenn alle schwarz sehen, dann bin ich angefüllt mit Zuversicht. Dafür kann ich nichts, das kommt von selbst.

Hat Goebbels nicht gesagt: »Lieber zehn Jahre in geflickten Kleidern als hundert Jahre in Lumpen?« Nu, da haben wir noch'n büschen Zeit vor uns, mein Kuddel! Allerdings müssen erst die zehn Jahre in geflickten Kleidern hinter uns liegen.

Wie kamst Du im »Sturm der Steppe« zu französischem Shampoo? Daß Du an meine Schönheiterhaltung denkst, ist lieb von Dir – und ich bemühe mich darum. Der Sonnabend/Sonntag ist stets in einigen Stunden diesem Ziel gewidmet. Da wird gebadet, geölt, gesalbt, massiert, gepedi- und gemaniкürt, gebürstet und gekämmt, geturnt und gehöhensonnt – trotz totalen Krieges!

Zum Abschluß des Sonntagsschriebes – oder kennst Du's schon: »Führer befiehl, WIR tragen die Folgen!«

Komm, laß Dich, laß uns küssen. Ich weiß schon gar nicht mehr, wie Du schmeckst!

Deine Liselotte

Lieber Kuddel!

Als Dein Brief heute vor mir lag, wußte ich bereits, was er enthalten würde, und nun kann ich nicht länger zögern, Dir Antwort zu geben.

Weißt Du, ich ärgere mich über mich selbst. Das Wort heiraten bedeutet mir immer noch: ein BESITZERGREIFEN meiner Person, und bei dem Wort Besitz reagiere ich wie ein wildes Pferd. Vielleicht tauge ich überhaupt nicht für eine Ehe – solche Menschen gibt's. Die Vorstellung von Besitz, Rechten und dem eventuellen Wort: Ich kann verlangen! Ich bin ein alter Esel und ebenso störrisch.

Mein »Ja« fiel ja innerlich auf dem Lehrter Bahnhof, und seitdem habe ich viele Stunden heimlichen Glücks gehabt, aber – auch alte Rückfälle, ich will es nicht verschweigen. Dann kam mir manche Sorge: Wird Kuddel die Großzügigkeit besitzen, die mein Beruf verlangt? Wird Kuddel imstande sein, auch mal auf eigene Bequemlichkeit zu verzichten? Werden wir genügend gegenseitig anerkannte Kameraden sein, um ungeachtet »üblichen Herkommens« unser eigenes Leben zu leben?

Immer jedenfalls stieß ich auf keine vollkommene Sicherheit und das Erkennen, daß ich nicht gerade sehr viel von Dir weiß. Diese langen Trennungen sind zur gegenseitigen Vertiefung höchst ungeeignet. Und doch sehe ich jeden Tag, wie die Zeit verrauscht, und ich möchte, was Du möchtest.

Mein Kuddel, bewege alles in Deinem Herzen. Ich gehöre Dir!

Deine Lilo

Berlin, 7. März 1943

Mein Kuddel!

Sei nicht bös, ich konnte keinen Sonntagsbrief schreiben, obwohl ich heute Zeit hätte. Ich habe heute so etwas wie wackelnde Nerven. Weißt Du, wir sitzen hier in unserem Viertel wie in einer Oase, inmitten der Verwüstung, der Zerstörung. 500 Tote sind bereits zu beklagen, 400 Schwerverletzte, 1 000 Verwundete, an die 60 000 Obdachlose. Noch sind Menschen verschüttet! Tag für Tag gibt es Detonationen von Sprengungen gefährdeter Häuser.

Es kommt mir grauenhafter vor als an der Front. Dort ist alles Kampf, ist alles darauf eingerichtet, hier – wie hilflos, wie schutzlos. Wohin ich blicke, ist Verzweiflung, Not, grauenhafter Schmerz, furchtbare Schicksale.

Drei Tage ging unser Telefon nicht. Die Verwandten kamen, um nach uns zu sehen. Es ist ein allgemeines gegenseitiges Fragen: »Leben sie noch? Daß Du noch lebst!« Ja, wer weiß, wie lange! Die Menschen sind von Grauen geschüttelt.

Wir gehen in der Wohnung umher und liebkosen alles, an dem unser Herz hängt. Mein Kuddel! Es ist nichts mit dem Schreiben, Du siehst es. Ja, was soll ich Dir sagen? Wir fürchten uns vor dem nächsten Angriff. Bei mir nimmt das Grauen mit jedem Tag zu.

Mein Kuddel, dies ist kein Brief ins Feld, aber laß man, Dein Lilo wird den Kopf nicht hängen lassen und hat viel Sehnsucht nach Dir.

Viele liebe Küsse, Deine Liselotte

Berlin, 22. März 1943

Mein Kuddel!

»Da der Koks alle ist, wird mit Heizen ab sofort aufgehört. Der Hauswart, gez. Fischer«. Dieser kategorische Satz auf weißem Flatterpapier hängt an der Wand, bevor man den Fahrstuhl betritt. Die gefürchteten Sätze auf angepinnten Zetteln des Hauswarts entbehren nicht der Komik.

»Da der Koks alle ist …!« Die Entrüstung und Empörung der von nun an kälteschlotternden Hausgemeinschaft verpuffte an den überzeugenden, keine Einwände zulassenden Worten: »da der Koks alle ist …« Warum, wieso und vielleicht schlecht eingeteilt, nicht genügend einkalkuliert, doch milder Winter, usw. zerbricht an der Tatsache, daß »der Koks alle ist«. Ja, wenn er »alle ist!« Aber wie sieht es aus, daß er alle ist! Draußen ist es wärmer als drinnen. Unser kleinwinziges Heizöfchen bewältigt gerade einen solch kleinen Raum wie die Dunkelkammer, doch die großen Hallen! In meinem Zimmer kann man sich überhaupt nicht aufhalten. Vater sitzt wie im tiefsten Winter an seiner Schreibmaschine. Die Mädchen schicke ich zum Ausarbeiten der Fotos wieder nach Hause, da ein Arbeiten im Sitzen hier nicht zu verantworten ist. Jeder Gast behält den Mantel an und ist froh, wenn er wieder geht. Meine Füße und Hände sind unentwegt von gleicher bläulicher Kälte. Es ist unbeschreiblich ungemütlich. Das Dickanziehen hat auch seine Grenzen, man muß sich ja noch bewegen können.

Auch jetzt schreibe ich in eine Wolldecke gehüllt, aber die Finger sind eiskalt.

Die Stimmung zu halten ist etwas mühsam, wenn man nur in der Wohnung friert. Die Arbeit leidet.

Zur Zeit arbeite ich überhaupt wenig. Ich gebe so meine üblichen Tagesparolen, treffe Entscheidungen, prüfe dies und jenes. Portraitaufträge liegen vor, ich habe keine Lust – es ist zu kalt! Die derzeitigen Arbeiten sind nichts für mich. Sie reizen mich nicht. Ich schicke meine Mädchen. Die ganze Presse ist noch im Um- und Abbau begriffen. Von 1300 Zeitschriften gibts noch 90, doch das schrieb ich Dir schon. Auf dem Arbeitsamt mußte ich mich noch nicht melden. Das steht mir wohl im April bevor. Eine Fotografin, die ich kenne, ist zur Gestapo gekommen!

Der Reichsarbeitsdienst und die Reichsleitung der NSV wollen mich liebend gerne sofort anstellen. Der RAD sieht mich schon in Uniform und Sonderstreifen.

Ich dürfte auch noch weiter für mich arbeiten und dürfte in meinen Plänen über den ganzen Reichsbezirk des RAD verfügen – wenn ich komme. Der Pressechef ist für diesen Gedanken hell begeistert.

Ich weiß aber, wie das ist, wenn man erst dabei ist. Die jagen einem die Lunge aus dem Halse, und jeder Generalarbeitsführer will sich und seine weitverzweigte Familie auf diese Weise portraitieren lassen. Dort könnte ich nicht gedeihen. Überhaupt sind mir beide angebotenen Arbeisbereiche arbeitsmäßig zu einseitig.

Ich möchte etwas tun, was taugt. Hanna Reitsch begleiten, wichtige Aufnahmen machen. Oder in die Abteilung für Farbversuche im Luftfahrtministerium. Etwas Selbständiges und etwas, bei dem sich der

Einsatz lohnt und wertvoll ist. Fingerabdrücke bei der Gestapo machen, halte ich für völlig verfehlt.

Was wird?!

Nichts geht wie ich möchte, ich bin in einer blöden Lage. Die Sonne scheint: Ich denke, hau ab, schlaf dich mal aus, hast es nötig. Aber ich sitze da und warte und nichts kommt.

Die Mutti verschiebt auch zum zweitenmal ihre Heimreise. Ich sitze wie angenagelt, bevor sie nicht zurück ist. Der Vater hört doch keinen Fliegeralarm, ich muß unentwegt hier sein. Ich wüte innerlich von morgens bis abends. Der Hauskram ist mir übergenug – dazu in der Kälte! Die Einholerei. Der hilflose, verwöhnte Vater, mit dem man täglich und täglich Rationenschwierigkeiten hat. Er hat's immer noch nicht gelernt, daß es 125 Gramm Butter in der Woche sind, daß er ein Weißbrot von 500 Gramm nicht an einem Tag aufessen darf, daß er nicht jeden Morgen eine Haferflockensuppe essen kann, auch wenn er Muttis und mein Quantum mit aufißt. Wenn ich meine Einkäufe nicht fortstelle, ist das Malheur da …

Vergiß den Schnack und behalte nur, was daraus wissenswert ist in Behandlung meiner stolzen, empfindsamen Frauenseele. Wenn die Mütter ihre Söhne nicht so verwöhnen und verziehen würden, na gut damit! So und nun trete ich weiter Hauskram, es kommt das Abendbrot, das schweigsame! Gemütlich wird es erst wieder im warmen Bett, mittels einer Aufwärmflasche!

Mein Kuddel! – Deine Lilo

Braunlage, 31. März 1943

Mein Kuddel!
In der letzten Nacht brummten feindliche Flieger über den Harz in Richtung Berlin. Und richtig: wieder Großangriff auf Berlin! Wir haben Aufnahmen von den grauenhaften Zerstörungen in Berlin gemacht, ich wollte sie Dir zeigen. Unsere Eigenmächtigkeit endete auf der Polizei, aber wir sind noch davongekommen, mit Kamera und Filmen.

Wenn man wieder schicken darf, werde ich Dich mit Filmen bedenken oder hast Du nun, nach dem Verbot, immer noch Quellen?

Gleich wird zu Tisch gegangen. Mein Kuddel, ich sehne mich nach Dir!

Deine Lilo

Lieber Kuddel Orgel!

Die Zeiten des harmlosen Fliegeralarms, den man in Filzpantoffeln und Nachtbekleidung mit lächelndem Gleichmut hinnahm, sind vorbei.

Die Leute benehmen sich beherrscht und voller Fassung. Vielleicht ist es schmerzloser, das Leben zu verlieren, als sein Hab und Gut, das heute nicht mehr zu ersetzen ist.

Bei dem, was ich in einem Krankenhaus nach einem Angriff nur flüchtig gesehen habe und die Art, wie es ertragen wurde – da, muß ich schon sagen, weicht auch jeder Galgenhumor dem furchtbaren Ernst.

Wenn ich zusehen muß, wie meine Eltern immer mehr zusammenfallen durch die vielen Erregungen, wie in der Nachbarschaft Frauen und Kinder GEWESEN sind, wenn die Leute auf ihren kleinen Bündelchen vor dem abgebrannten Haus sitzen – es tut mit leid, auch von Galgenhumor ist dann keine Rede mehr, höchstens von Wut, leider ohnmächtiger Wut.

Vergiß nicht, daß Ihr euch wehren könnt, WIR nicht! Das ist ein großer Unterschied!

Meine Arbeitsverpflichtung? In meiner »Branche« werde ich sicherlich bleiben. Anfang Mai führt mich – wenn nichts dazwischenkommt – ein Auftrag in mein geliebtes Straßburg. Hoffentlich wird was daraus. Weißt Du, komm mit! Hm, willst Du? Nimm die nächsten Flugpostmarken, klebe sie an Dich und adressiere den ganzen Kuddel

Frauen versuchen Häuser vor erwarteten Luftangriffen zu schützen (1939)

Bewohner des Hauses Martin-Luther-Straße 27, Berlin-Schöneberg, in ihrem Luftschutzkeller. Von links: der »Luftschutzwart«, eine Kranke, die Frau des Luftschutzwartes, ein Jurist, ein Buchbindermeister, ein Arzt (1940)

an die Bildberichterin Liselotte Purper in Berlin-Schöneberg, Martin-Luther-Straße 27, vier Treppen rechts. Einmal klingeln genügt. Das Riesenpaket wird sofort angenommen! Also, gibt's da noch was zu zögern? Komm, ich erwarte Dich!

Dein stets liebes Liloleinchen

Durch Luftangriffe zerstörte
Berliner Wohnhäuser (1943)

Mein Kuddel!

Hier kann sich keiner wehren, das ist das Grauenhafte. Ich würde gerne sofort zur Flak gehen, nur um nicht untätig abwarten zu müssen, ob die Wohnung im vierten Stock verschont bleibt oder ob eine Spreng- bombe die Masse Mensch zweier Häuser im Keller zu Brei drückt. Es ist kein angenehmes Gefühl, die Gasrohre über den Köpfen angebracht zu sehen. Trotzdem findest Du überall eiserne Disziplin. Bei all den Befürchtungen und dem unheimlichen Pfeifen, Krachen und Bersten sitzen und warten die Leute ohne ein Gestöhn ihr Schicksal ab. Man kann nicht sagen, daß die Gegenwart lebenswert ist, auch als Optimist nicht. Man hofft alles von der Zukunft, denn sonst würde es keiner länger ertragen wollen. Gleichviel, die Masse des Volkes erhofft, er- sehnt den Sieg, weil sie sich über die Folgen einer Niederlage im klaren ist. Weil sie nicht sein darf, deshalb!

Ich gestehe offen, daß ich die Zeit grauenhaft finde. Ich gestehe, daß die Zeit »groß« ist, daß ich aber lieber von ihr lesen würde, als in ihr zu leben. Daß ich hundertmal lieber glücklich leben möchte, als mich Tag für Tag in allem bedroht zu sehen, was ich liebe.

Lassen wir das Kapitel. Aber das, was jeden Menschen in Erregung versetzt hat, ist dies, daß uns zuviel verschwiegen wurde. Man hat die Bevölkerung stets zu beruhigen versucht, so daß sie sich unmittelbar vor dem Sieg glaubte. Die jähe Erkenntnis eines Abgrundes, vor dem uns nur der »totale Krieg« und äußerster Krafteinsatz retten können, kam etwas überraschend.

In diesem Wirbel kamen die jetzt so wirksamen Feindangriffe, deren wir uns kaum erwehren können. Frau und Kinder sind nicht mehr geschützt. Die Front ist überall. Die NS-ausgerichtete Phrasen- salbaderei, wie sie so oft in der Presse trieft, steht mir bis zum Hals. Das Zeug kann ich nicht mehr hören.

Apropos, kennst Du folgende Geschichte? Dr. Goebbels wird zu einer Kundgebung erwartet. Die Bevölkerung bildet seit Stunden »spontan« Spalier. Ein kleiner Junge schimpft vor sich hin: »Na, det Aas könnte ooch pünktlicher sein.« Der Schupo hört das, geht auf ihn zu und fragt: »Sag mal, von wem sprichst Du eigentlich, wen meinst Du mit ›det Aas‹?« Der Junge: »Na, den Ede mein ick, der läßt mir hier stehen, wir waren doch verabredet.« – »Sooo«, meint der Schupo zweifelnd. Nach einer Weile geht der Bengel zum Schupo, tippt ihm auf die Schulter und fragt mit erstaunten Augen: »Sagen Se mal, Herr Wachtmeester, wen haben Sie denn jemeint?« – Ach Kuddel, Kuddel! Was wird nur werden? Ich küsse Dich lieb und von Herzen!

Deine Liselotte

Mein Kuddelfreund!
Eine Bildreportage hatte ich in dieser Woche in einem Rüstungsbe-
trieb. Allerlei interessante soziale Perspektiven eröffneten sich mir,
doch kann ich darüber nichts schreiben.

Heute ist warmes, ja sommerliches Wetter. Es grünt und blüht
überall. Diese Schönheit des Frühlings ist überwältigend und paßt so gar
nicht zu dem, was die Menschen aus der Welt machen. »Mit Erfolg
zerstört!« – wenn ich das schon höre!

Mein Kuddel, ich möchte Dich lieben und mit Dir glücklich sein!
Glaubst Du, daß der liebe Gott über diesen egoistischen Wunsch böse
wäre?

Kuddel, bald kommst Du! Kuddel! Leb wohl, bleib gesund, hab
mich lieb!

Deine Lilo

Studentinnen im Kriegseinsatz
in einer Munitionsfabrik (1941)

Vom Essen zu reden gilt nicht als vornehm, doch davon wird öfter die Rede sein.

Der 19. Juli sieht uns mit Behagen und Hingabe frühstücken. Tee, Kaffee, Schokolade – bitte sehr, ganz nach Wunsch! Ham and eggs – oder ein weichgekochtes Ei? Bitte sehr! Butter und Brot nur auf Marken, doch wir haben sie. Und was für Butter und was für Brot. Im silbernen Körbchen liegt Weißbrot, Schwarzbrot, Knäckebrot und duftiges, leichtes Gebäck. Muß ich notieren, daß es schmeckte?

Das Mittagessen im »Palast-Hotel«: »Kalbsfilet mit jungem Gemüse«. Ist das schlecht gewählt? Natürlich eine delikate Suppe voraus. Doch nicht nur die! Ein Pilzgericht steht am Anfang der Speisenfolge. Am Ende eine Blaubeergrütze mit einem Viertelliter flüssiger Sahne. Ein Aquavit sorgt zwischen den Gängen für beste Bekömmlichkeit.

Ob wir auch etwas von der Stadt sahen? Wenig. Am Nachmittag sitzen wir, eine Gruppe Berliner Journalistinnen auf organisierter Pressefahrt nach Norwegen, um den dortigen Arbeitsdienst für junge Frauen kennenzulernen, in der wohl besten Konditorei – in der Nähe des Bahnhofs. Auf unserem Tisch türmen sich: Eiskaffee, Eisschokolade, Eis mit Früchten und Schlagsahne, knuspriges Teegebäck, Sahnetorten, Eissahnebaiser – wie, soll ich mit dem Aufzählen aufhören?

Und in der Reisetasche die berühmten Smörre-Bröds. Da geht man in einen solchen Laden, sagt, für wieviel Geld und Marken man Smörre-Bröds haben will und sucht sich die schmackhaftesten aus. Für vier Kronen, das sind zwei Mark, habe ich bald ein Dutzend Brote erhalten. Belegt mit Ei, Tomate, Gurke, Kalbsbraten, Roastbeef, Fleischsalat, Fisch und Käse. Wozu dieser Vorrat? Wir wollen weiter nach Oslo fahren, wissen nicht, wann und wo wir wieder etwas zu essen bekommen werden und nennen dies unseren Reiseproviant.

Rußland, Feldpostnummer 26444, 7. August 1943

Mein Liebes, mein Einziges!
Ich sitze bei meinem letzten Kerzenstummel, und damit Du nicht auf Post von mir zu warten brauchst, will ich Dir beim letzten Lichtschein diesen Gruß schreiben. Die Schilderung Deiner Norwegen-Reise habe ich genau so erwartet. Warum mag man uns eigentlich nirgends?

Mein Lio, laß Dich lieb küssen von Deinem Kuddel

rauen an einer Drehbank im
riegshilfsdienst (1943)

Deutscher Soldatenfriedhof ober-
halb des Oslo-Fjordes (1943),
heute aufgelassen

Massengrab für deutsche Soldaten
bei Gdow am Peipussee (Juli 1941)

Kurt Orgel als Soldat in Frankreich
(1940)

Der Batteriechef von Kurt Orgel im
zerschossenen Sedan (Juni 1940)

Schlafstatt für Offiziere in
Frankreich (1940)

Auf dem Vormarsch an der
Ostfront (Juni 1941)

Vor Leningrad (Winter 1941)

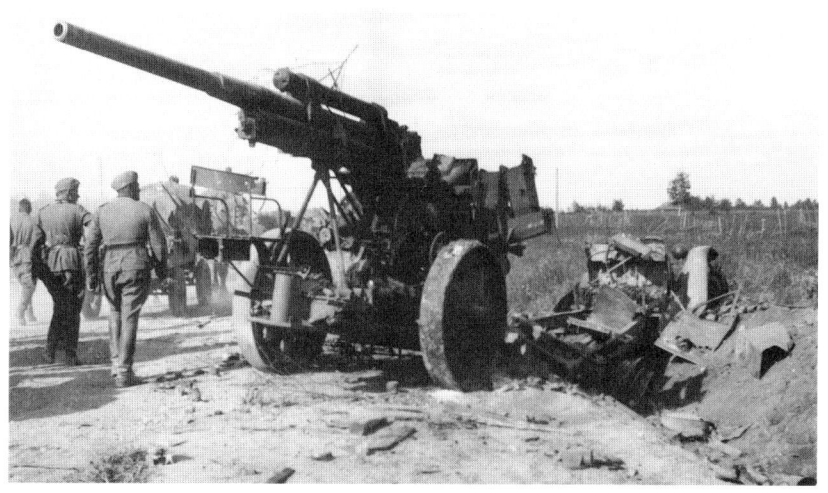

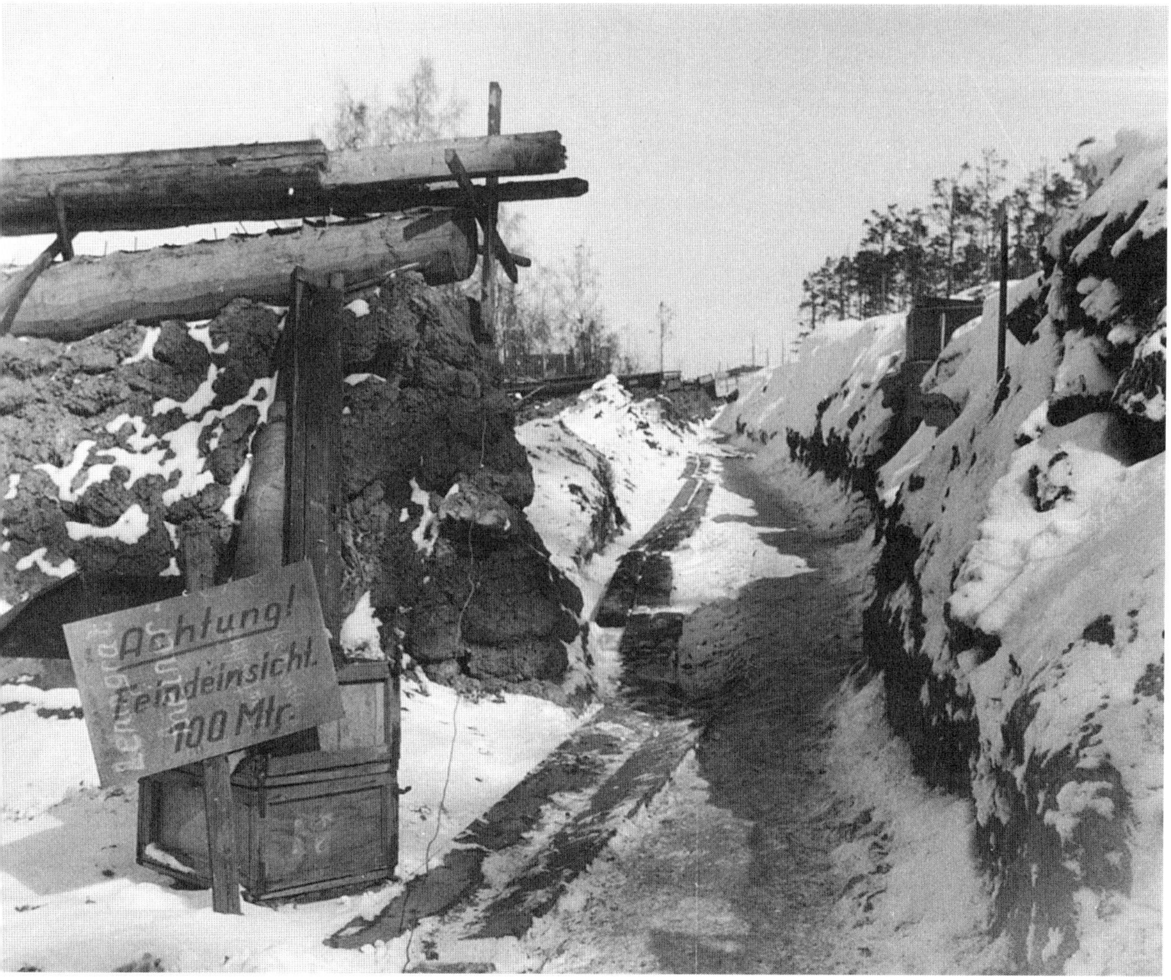
Achtung!
Feindeinsicht.
100 Mtr.

Rußland, Feldpostnummer 26444, 8. August 1943

Mein Lilochen!

Den heutigen Sonntag war ich den ganzen Tag unterwegs, mit dem Kommandeur in den vordersten Gräben. Es war sehr kurzweilig, dieser Inspektionsgang – wie wir vom »Stab« sagen – in die Zone der Ritterkreuzträger. Heute nachmittag gab es sogar Bohnenkaffee und Kuchen, weil wir zur Zeit »Großkampfzulage« bekommen. Unsere Grenadiere haben sehr schwere Tage. Stellungen meist in sumpfiger Gegend. Sehr starkes Feuer und viel Schlachtfliegerangriffe mit Bomben.

Mir geht es tadellos. Das wollte ich Dir schnell noch schreiben.

Dein Kuddel

Rußland, Feldpostnummer 26444, 11. August 1943

Mein liebes Bräutlein!

Da haben wir's! Soeben ein Telegramm: »Niendorfer Haus starker Bombenschaden. Mutter« Was tun? Ich vermag noch keine Entscheidung zu treffen. Als Soldat muß man auch erst eine Nacht darüber schlafen. Du bekommst morgen weitere Nachricht. Liebes, ich muß überlegen. Morgen schreibe ich mehr. Aber wir schaffen es, mein Liebes. Du und ich, wir werden glücklich zusammen bleiben. Was frage ich viel nach Geld und Gut.

Einen recht innigen Kuß von Deinem Kuddel

Rußland, Feldpostnummer 26444, 12. August 1943

Mein liebes Liloleinchen!

»Bombenurlaub« ist nicht. Erstens darf zur Zeit nach Hamburg niemand beurlaubt werden. Zweitens bin ich hier nicht zu entbehren. Der Adjutant, der auch bombengeschädigt ist und seit vorigen Oktober nicht auf Urlaub war, fährt vor mir. Beide können wir hier nicht weg. Immerhin besteht die Möglichkeit, daß ich nach Rückkehr des Adju, das heißt in etwa fünf bis sechs Wochen nach Deutschland könnte. Sorge aber bitte dafür. daß ich umgehend die für die Heirat erforderlichen Papiere bekomme. Vielleicht könnten wir die Gelegenheit benutzen …

Mein Lilochen, mein Bräutlein, mein Einziges!
Dieses soll ein Geburtstagsbrief werden. Wann wird er Dich erreichen? Wo wird er Dich finden? Wie mag es Dir gehen? Wer wird ihn Dir geben? Welch' Fülle von Fragen! Hoffentlich gelingt es mir, Dich in eine schöne, glückliche Geburtstagsstimmung zu versetzen. Ich wünschte, daß Du den Tag mit den Eltern verleben könntest und auf Krumke. Daß Du einen ruhigen, romantischen Winkel oder ein beschauliches Zimmerchen haben mögest, in dem Du mit mir, von mir, von uns träumen kannst. Einmal ganz die schwere Wirklichkeit vergessen und Dich zuversichtlich auf mich und Dich freuen!

Mein Liebes, es geht mir gut. Du brauchst Dir meinethalber keine Sorgen zu machen. Ich passe schon auf mich auf und vertraue auf das Schicksal, das es gut mit uns meint!

Huh, Mädchen, es ist kalt hier. Du machst Dir keine Vorstellung. Ich sitze in meiner Pelzweste. Zwei trübe Kerzen spenden ein bescheidenes Licht. Es ist gruselig draußen. Weithin abgeholzter Wald. Hie und da ein trauriger Baum, seiner Krone beraubt. Wir sitzen im Bunker in der Erde. Zum Glück haben wir einen Waldrücken gefunden, in dem wir uns eingraben konnten. Die Nächte werden schon dunkel. Ein ungemütlicher Wind pfeift durch alle möglichen Ritzen und Löcher. Ungemütlich!

Dolle Kämpfe liegen hinter uns. Dabei wurde mir von einem dänischen P.K.-Mann eine tolle, imponierende Geschichte erzählt.

Bei einem Angriff von uns ging er mit einer Flammenwerfergruppe im tollen Feuer vor – und filmte. Der Flammenwerfer fällt aus. Die Russen wollen die Gelegenheit ausnutzen und stürmen. Der P.K.-Mann nimmt seinen Filmkasten hoch und kurbelt. Der Iwan denkt offenbar, der Flammenwerfer will wieder spucken und wirft sich hin. Inzwischen waren unseren M.G.-Grenadiere in Stellung und hämmerten auf ihn ein. Tüchtig, dieser P.K.-Mann, nicht wahr? Und, als Däne, interessierte ihn der taktische Schlag offenbar weniger als die Mordsaufnahmen, die er gemacht hat.

Solche Reportagen sind, wenn überhaupt erforderlich, Männersache. Für Dich wünsche ich mir friedliche Motive und kann Dir nochmals sagen, daß ich mich sehr freue über Deinen Entschluß, Dich vom »Katastropheneinsatz« fernzuhalten.

Ich habe mir Deine Briefe wieder herausgesucht. Reisen, ja, das ist was Schönes, wenn ich z.Zt. auch keine andere Sehnsucht kenne, als mich mit Dir in ein eigenes Heim, weißt Du solches wie Du es beschrieben hast, wo man sich erholt, zurückzuziehen.

Ist es nicht ein schönes neues Zeichen Miteinanderfühlens? Ich pilgere durch die Auen, um Dir ein Blümlein zu pflücken. Das Pressen mißlingt. Ich finde ein Zweiglein Erika und lege es in einen Brief an Dich. Der Brief ist noch nicht ganz bei der Feldpost, da kommt ein Gruß von Dir aus Oslo – mit einigen kleinen Erikas! Ich habe mich doll gefreut!

Die Nächte der Dämmerung kenne ich. Wir liegen hier ja fast auf demselben Breitengrad wie Oslo. Leider sind sie vorbei und die ersten herbstlichen Abende, aus denen man gern in ein gemütliches warmes Haus zurückkehrt.

Mein Liebes, ich muß zum Schluß kommen. Laß Dir zu Deinem Geburtstag alles das wünschen, was ein liebender Mann für seine geliebte Frau nur wünschen kann: ein schönes, glückliches Leben. Ich wiederhole mein schon oft gegebenes Versprechen, daß ich alles dazu beitragen werde, was ich nur irgend kann.

Dein Kuddel

Rußland, Feldpostnummer 26444, 18. August 1943

Mein Lilo, mein Einziges.
Das Schicksal, unser Schicksal meint es gut mit uns und komme, was da kommen mag: Wir zwei gehören zusammen! Ich brauche von Dir noch ein polizeiliches Führungszeugnis. Anfrage bei Staatsanwaltschaft und GESTAPO nach Deinem Vorleben sind heute abgegangen.

Rußland, Feldpostnummer 26444, 29. August 1943

Mein Lilochen!
Das »Hamburger Fremdenblatt« ist wieder da! Ich stürze mich darauf. Ich lese in den Anzeigen: Die Seeberufsgenossenschaft amtiert im Zippelhaus, Mönckebergstraße 7 ist eine Wehrmachtsdienststelle, das Beerdigungsinstitut Ecke Gänsemarkt ist in »vollem Betrieb«. In den Kinoanzeigen erscheinen neben dem Ufa-Palast und dem Lessing-theater auch meine alten Harvestehuder-Lichtspiele. Einiges steht also noch. So suchen wir aus vielen kleinen Mosaiksteinchen uns aus den Trümmern eins ums andere wieder aufzubauen und uns eine Vorstel-lung zu machen, wie es jetzt wirklich in unserem Hamburg aussieht. Du wirst Dir also denken können, wie sehr ich auf einen Brief von Dir mit Nachrichten aus Hamburg warte. Ob Du mir Bilder schicken kannst?

Rußland, Feldpostnummer 26444, 2. September 1943

Mein Liebes!

Du – für den Fall, daß wir Ende September/Anfang Oktober heiraten können, habe ich mir schon eine Flasche ff. Bols zurückgestellt.

Vorläufig liegt die Antwort der Staatsanwaltschaft über Deine Vorstrafen noch nicht vor. Hoffentlich kommt sie zur rechten Zeit. Hast Du an ein polizeiliches Führungszeugnis gedacht?

Mit unserem Bombenschaden in Hamburg scheinen wir ja tatsächlich noch Glück gehabt zu haben. Ich hoffe, noch einiges in Sicherheit zu bringen. Hast Du Mut und Lust, mit mir nach Hamburg zu fahren? Insgesamt hoffe ich, zehn Tage Urlaub zu bekommen. Mensch, Lilochen, in gut drei Wochen! Kurze drei Wochen – und ich rüste zum Start! Mein Liebes, laß Dich herzlich küssen!

Dein Kuddel

Rußland, Feldpostnummer 26444, 8. September 1943

Mein Liebes!

Die GESTAPO-Berlin teilt mit, »daß über Fräulein Liselotte P. Nachteiliges in politischer Hinsicht nicht bekannt ist«. Es wird, mein Lilo, es wird! Und wenn ich in etwa 12 Tagen hier starten werde, habe ich die Ehegenehmigung. Mein Du! Ich habe Eile! Laß Dich herzen, küssen!

Dein Kuddel

Rußland, Feldpostnummer 26444, 12. September 1943

Mein Liebes!

Eben kam Dein aufregender Brief! Hochzeit auf Krumke! Wahrlich ein Titel!

Mein Antrag auf Ehegenehmigung ist bei der Division eingegangen. Und da ich hier nun mal bekannt wie ein bunter Hund bin, spricht mich jeder Offizierssoldat des Stabes darauf an. Hauptmann Dias: »Hallo, Orgel, Sie wollen heiraten?« Leutnant Klamann: »Mensch, heiraten willst Du?« Oberstleutnant Simon: »Na, Sie haben sich doch noch entschlossen?« und so weiter. Heute telefoniere ich, und der andere sagt: »Sag mal, ich habe gehört, Du willst heiraten? Stimmt das?« Und ich schmunzle in schöner Vorfreude. Und wie ich heiraten werde! Dich!

Dein Kuddel

Am 2. Dezember 1943, Kurt Orgel ist wieder an der Front, schickt er seiner Frau ein kleines, maschinegeschriebenes Büchlein. Er erzählt ihr noch einmal die kurze längste Zeit, die das junge Paar je zusammen verbracht hat.

HOCHZEIT AUF KRUMKE

(… kann ich denn vergessen, was ich erlebt habe?)
Aufgeschrieben von Orgelmann

Am 25. September des Kriegsjahres 1943 traten der derzeitige Amtsgerichtsrat und Leutnant d. R. Kurt Orgel und die Bildberichterin Liselotte Purper, vom Schloß Krumke in der Altmark, gemeinsam den Weg zum Standesamt an, um sich fürs Leben zu vereinen. Es war eine tolle Zeit, in der dieser entscheidende Schritt getan wurde!

Seit über vier Jahren tobte rings um Deutschland ein Krieg, wie es erbitterter keinen gegeben haben dürfte. – Die siegreichen, deutschen Soldaten stehen in Norwegen, Dänemark, Belgien und den Niederlanden. Über zwei Drittel Frankreichs halten sie besetzt. Die baltischen Staaten stehen unter deutscher Zivilverwaltung, und unsere Wehrmacht kämpft tief in Rußland.

Das Jahr 1943 war das vierte und bisher schwerste Jahr dieses Weltkrieges. Es brachte unserem Vaterland schwerste Rückschläge. In Stalingrad verloren wir eine Armee. Aus Afrika, wo deutsche Truppen heldenhaft und erfolgreich gekämpft hatten, mußten sie 1943 der Übermacht weichen. Mussolini, der Duce des verbündeten Italien, wurde von eigenen Gefolgsmännern im Stich gelassen und gestürzt. Emanuel, der König von Italien, der Deutschland im Weltkriege 1914/18 so verraten hatte, erklärte zum zweiten Mal seinem Verbündeten den Krieg.

In Rußland haben die Sowjets im Sommer zu einer Offensive angesetzt, die nach 4 Monaten noch nicht beendet ist, und die die deutsche Wehrmacht zu schweren Kämpfen zwingt.

Englische und amerikanische Flugzeuge setzen zu Massenangriffen an, denen ganze Städte zum Opfer fallen. Im Rheinland sind ganze Stadtteile eingeäschert. Hamburg, unsere stolze und schöne Hansestadt, ist zum größten Teile dem Erdboden gleichgemacht.

Die Heimat war im Frühjahr zum »totalen Krieg« aufgefordert worden. Unermüdlich und still verbissen wird von morgens bis abends gearbeitet. Nachts hängt das Damoklesschwert des anglo-amerikanischen Luftangriffes über ihr. Was wird?! Werde ich meine Sachen noch haben, meine Wohnung, meine Möbel? Oder Du? Werden wir überhaupt noch leben?

Hochzeit auf Schloß Krumke
(September 1943)

»Niendorfer Haus stark bombenbeschädigt – Mutter«. – Der Leutnant der Artillerie lehnte behaglich in den Polstern der 2. Klasse und blies gedankenvoll die blauen Wolken seiner Zigarre vor sich hin. Über vier Wochen waren vergangen, seit das Telegramm ihn südlich des Ladogasees auf dem Regimentsgefechtsstand erreichte. Erst hatte er gleich um 10 Tage Sonderurlaub bitten wollen. Aber das ging nicht, weil auch der Regiments-Adjutant mußte. So hatte es sich hinausgezögert. Und das war nur gut gewesen! Damals hätte er bestimmt nicht so vergnügt seinen »Bombenschadenurlaub« angetreten. Sorgfältig faltete der Offizier die Depesche und barg sie wieder in seiner Brieftasche. Man konnte nicht wissen, vielleicht brauchte man das Papier noch einmal, um sich als »bombengeschädigter Osturlauber auf der Hochzeitsreise« auszuweisen.

Draußen flogen kleine ostpreußische Dörfer, einzelne Gutshöfe, weite abgeerntete Felder in buntem Wechsel vorüber. Die Bäume hatten ihr Sommerkleid trotz der vorgeschrittenen Jahreszeit noch nicht abgelegt. Die liebe Sonne lugte über den Horizont und lachte dem Leutnant schelmisch ins Gesicht, als ob sie seine Gedanken erriete. Er aber schloß die Augen und träumte seinen schönsten Traum: »Hochzeit auf Krumke«. Ob alles klappen würde, wie man es geplant hatte? – Wie war es doch gekommen? In Berlin erschien es nicht empfehlenswert, Hochzeit zu halten. Hochzeit mit Fliegeralarm? Nein, das wäre nicht das Richtige gewesen! In Hamburg? »Niendorfer Haus stark bombenbeschädigt«! Also auch nichts! Da kam die rettende Einladung nach Gut Krumke! Heiraten auf einem Schloß, wie ein richtiger Prinz! Sollte es wirkliche Märchen geben? »Ankunft Wittenberge 19.9. 9.10 Uhr«. War es nicht vermessen, aus der vordersten Front, über 1000 km von der Heimat entfernt, so genau seine Ankunft zu melden? Beinahe wäre es ja schon schief gegangen. Am Grenzbahnhof Tauroggen war der Zug mit acht Stunden Verspätung eingetroffen. Aber die Zeit zur »Entlausung« war so reichlich bemessen, daß man den planmäßigen Zug noch erreicht hatte. Der D-Zug verlangsamte die Fahrt. Insterburg war erreicht. Der Abend dämmerte heran. Die Lokomotive fauchte durch die Nacht. Der Morgen graute, als die ersten Häuser der Reichshauptstadt vorüberflogen. »Berlin, Stettiner Bahnhof«! Pünktlich war der Zug eingetroffen, fahrplanmäßig ging es ab Lehrter Bahnhof weiter. – »Ankunft Wittenberge 19.9. 9.10 Uhr« Die Spannung wuchs von Minute zu Minute, von Kilometer zu Kilometer. Schon über eine halbe Stunde vor der Zeit stand der Leutnant umgeschnallt, den Koffer in der Hand vor der Tür. Dann kam Wittenberge! 9.11 Uhr zeite die große Uhr auf dem Bahnsteig! Weißt Du noch, Liloleinchen, wie dann der Leutnant, Dein Leutnant just dort ausstieg, wo Du mit suchenden Augen standest? Wie wir gleich in einen Wagen »für Zivilreisende« wieder einstiegen und mit demselben Zuge nach Hamburg weiterfuhren? Wie ich Dir ganz leise mein Hochzeitsgeschenk ins Ohr flüsterte, als wir mit vielen anderen im Gang des D-Zuges standen? »Nicht nur 10 Tage Bombenurlaub, sondern außerdem noch 10 Tage Hochzeitsurlaub!« Zwanzig Tage lang nur für uns!! Mensch, Mädel, was strahlten Deine Äuglein mich an! Weißt Du noch, wie wir dann nach Hamburg hinein-fuhren? Trümmer und Ruinen, soweit das Auge blickte. Rothenburgs-ort, wo hat es gestanden? Wir hatten einander an der Hand gefaßt. Kei-ner mochte ein Wort sagen. Unser schönes Hamburg! Die Trostlosig-keit, die uns aus den stehengebliebenen Fassaden, den ausgebrannten Häusern anglotzte, drohte die Freude unseres Glücks zu übertönen. Weißt Du noch, wie wir im Restaurant, einem der wenigen noch vorhandenen, Mittag aßen, und Du mir unsere Verlobungsringe zeigtest? »Probier mal!« – und schwupp war ich verlobt und Du auch. Und dann sind wir durch die verödeten Straßen gegangen – gefahren, bis wir bei Mutti Ziemann anlangten, der alten treuen Seele, die meiner Mutter seit vielen Jahren eine vertraute Hilfe war. In Niendorf sind wir gewesen und haben unser arg mitgenommenes Haus angesehen. Frau Märker, die Nachbarin, erzählte uns von den Katastrophentagen. Sie war nach den ersten Angriffen aus dem Keller herausgekommen und hatte in unserem Herrenzimmer einen »Lichtschein« gesehen. Eine Brandbombe hatte gezündet. Die Möbel brannten. Frau Märker lief wieder in den Keller, um Hilfe zum Löschen zu holen. Mit einem Getöse, als ginge die Welt unter, ist gerade in diesem Augenblick eine Luftmine in Märkers Garten detoniert, die durch den Luftdruck die Verwüstungen erst vollkommen machte. Viele der Nachbarhäuser sind nicht wieder instandzusetzen. Unser Häuschen, in dem die Nach-barn den Brand löschten, ist jedenfalls noch wieder herzurichten. Glück im Unglück! Unser guter Stern, mein Lilochen, an den ich so fest glaube!

Öd und leer waren die Räume. Meine Mutter war ja schon von Zingst dort gewesen und hatte alle geretteten Sachen in zwei Zimmern zusammengestellt. Wir hielten uns auch nicht lange auf. Noch ein Kinobesuch – auch Kinos gab es erst wieder ein, zwei, ein kurzer Alarm im Luftschutzkeller, in dem wir unsere Hochzeitsanzeigen schrieben – dann krochen wir in die von Mutti Ziemann vorbereiteten Betten, ich in meins, Du in Deins. Ich war aber auch toll müde!

Wie verbrachten wir den nächsten Tag noch in Hamburg? Richtig, ich war zum Gericht, zur Standortkommandantur. Dann verabschiede-ten wir uns von Mutti Ziemann – und tauchten erst am nächsten Morgen wieder auf, als wir am Hamburger Hauptbahnhof auf den Zug nach Wittenberge warteten. Ob wir meine Muttel in Wittenberge treffen könnten? Kaum! Sie würde es schwerlich vor dem Abendzug schaffen. Weißt Du noch, Liloleinchen, wie wir im Café saßen, und mir plötzlich einfiel, daß ich zwar Deine Papiere vollzählig hatte, aber selbst nur das Soldbuch besaß, keine Geburtsurkunde, keine Urkunde der Eltern! Und für morgen war alles zur Hochzeit vorbereitet! Was war zu tun? Mit dem Standesbeamten reden? Hoffnungslos! Du hattest mir schon erzählt, daß der 84jährige Papa nur durch den Machtanspruch des Landrates sich zur Kriegstrauung ohne Aufgebot (!!) bereit erklärt hatte. Wie würde er sich über diesen Grund, die Trauung ablehnen zu können, freuen! Nur eine Möglichkeit blieb: Der Landrat! Um 16 Uhr sollte unser Züglein in Osterburg sein. Wir könnten ihn also noch eben treffen.

Weißt Du noch, wie ich dann zufällig aus dem Fenster des Zugabteils sah, eine Dame erblickte, die nicht recht wußte, ob sie einsteigen sollte oder nicht: Unsere Mutter Orgel!

Viel gab es zu erzählen, und im Nu waren wir in Osterburg. Dein Pepi stand an der Sperre, lüpfte den Hut, als er meine Mutter sah, und sagte – ohne daß er sie je vorher kennengelernt hätte – »Frau Orgel«; also doch: »ganz der Sohn«! Noch einige bange Minuten. Würden wir den Landrat noch treffen? Was würde er sagen? Ein Paragraph rettete uns: Der Standesbeamte darf eine Kriegstrauung nicht aus dem Grunde verweigern, daß die Urkunden nicht vollzählig vorliegen. Hurra! Jetzt konnten wir wieder fröhlich lachen! Lachend fuhren wir durch den wunderschönen Herbstnachmittag. Fröhlich trabten die gutaussehenden Füchse die Landstraße entlang. Das Dorf Krumke tauchte auf, die kleine Dorfkirche, das Tor zur Schloßauffahrt, das Schloß. Und Mutter Marie am Fenster jubelnd und winkend. Begrüßung, Vorstellungen! Das also ist der »Onkel Karl«, die »Tante Gretel«, die Lotti und die Marianne!

Das war am Tage vor unserer Hochzeit. Ein schöner Spaziergang durch den ausgedehnten Schloßpark, der sich uns in voller herbstlicher Schönheit bietet, führt uns an die »Biese«, das kleine Bächlein, dem Bismark (an der Biese in der Mark) seinen Namen verdanken soll. Du weißt doch? – Ich wußte nicht, aber möglich ist es, denn die Biese fließt ja auch an dem nahegelegenen Schönhausen vorbei, und in der Mark sind wir nun mal.

Am Abend waren die Annelies und ihre Mutter und die Olluschi aus Berlin angekommen. Nicht ohne Hindernisse! Die vor dem kleinen Osterburger Bahnhof wartenden Pferde hatten sich selbständig gemacht und waren ohne Kutscher, wie die wilde Jagd – im Dunkeln – ihrem Krumker Stall zugestrebt. Kurz: durchgegangen! Die Pferde waren eingefangen, beruhigt, und die Gäste erneut eingeholt!

Am Abend, vor unserem kleinen Kreise, gab es von den weiblichen Klinglers ein Schattenspiel über die Bildberichtung in den Jahrhunderten, die sich hier krönend mit dem Orgelmann vereinigte. »Potz Purpur, Orgel und Trompeten«!

Der nächste Tag war der 25. September 1943, unser Hochzeitstag! »Es war einmal«, möchte ich die Chronik dieses Tages anfangen. Es war märchenhaft schön, und die Zeit, in der diese Zeilen geschrieben werden, ist recht dazu angetan, das Erlebnis so unwahrscheinlich wie ein richtiges Märchen erscheinen zu lassen.

Wir schreiben den 2. Dezember 1943 – in zwei Tagen sind wir zehn Wochen Mann und Frau. Zehn ereignisreiche Wochen sind vergangen. Ich bin nach schwieriger, tagelanger Reise bei meiner Truppe angekommen, die an einem Brennpunkt im nördlichen Rußland in schwerem Kampf stand. Newel, eine kleine Stadt südwestlich Welikije Luki, war von den Russen in kühnem Handstreich genommen worden. So schnell drang er mit seinen Panzern auf den Ort ein, daß nicht einmal die riesigen Bestände an Verpflegung, Munition und Benzin zerstört werden konnten. Das Ortslazarett konnte nicht geräumt werden. Kameraden der rückwärtigen Dienste, der Organisation Todt, der Eisenbahn sind in Gefangenschaft geraten. Auch einige Rote-Kreuz-Schwestern sollen sich nicht mehr haben retten können.

Unsere Division war herangeführt worden, um den Stoß des Feindes abzufangen und erfüllte ihre Aufgabe. Aber rechts von uns gelang dem Gegner ein neuer tiefer Einbruch in unsere Front. Tagelang drohte er, uns einzuschließen, wie er es als Ziel seines Angriffes verlesen hatte. Aber was ist das alles, gemessen an den Nachrichten, die uns der Rundfunk aus der Heimat bringt? Terrorangriffe auf Bremen, Stuttgart, Berlin. Berlin? Mußt Du, mein Liloken, nicht gerade zu der Zeit von Deiner Moselfahrt zurückgewesen sein? Wie mag es Dir und den Eltern ergangen sein? Meine Gedanken kreisen ununterbrochen um diese bange Frage. Post hat es seit einer Woche nicht mehr gegeben. Der milde Winteranfang mit Schnee und Regen hat die für die Versorgung mehrerer Divisionen allein zur Verfügung stehenden Landwege grundlos gemacht. Acht Pferde müssen einen Panjewagen ziehen, der bis über die Achsen einsinkt. Kraftwagen können überhaupt nicht mehr fahren. Kein Wunder, daß es da keine Post gibt. Verpflegung und Munition sind wichtiger. Aber die bange Sorge bleibt. Wo ist das Liloken zu dieser Stunde? Liloken, mein Frauken, wo bist Du? Hörst Du mich, Liebes?

Ich erzähle Dir ein Märchen, unser Märchen!

Weißt Du noch, wie wir am Vormittag unseres Hochzeitstages durch den Krumker Park zum Standesamt gingen? Der »Pepi« und Dein Onkel Karl, unsere Trauzeugen, folgten uns. Nein, rechts den Weg mußten wir nehmen; die Schäfchen auf der Weide zur Linken! Das bringt Glück! Die Olluschi hüpft um uns herum und macht Schnappschüsse, einen nach dem anderen.

Weißt Du noch, daß es ein wunderbares, sonnenwarmes Wetter war? Weißt Du noch, wie schnell wir in der schlichten kleinen Bauernstube des uralten Standesbeamten Mann und Frau waren? Wie Fräulein Schulze, die Tochter des steinalten Mannes, die die Personalien für ihren Vater verlas, mich bat, doch ja recht bald die fehlenden Papiere nachzureichen, weil sie eher keine Ruhe hätte? An der Pforte des Standesamtes reichte Dir ein Bub die ersten Blumen. Die ganze Dorfstraße entlang, von allen Seiten kamen Kinder und Muttis und brachten, der hiesigen Sitte entsprechend, Blumensträuße.

Als wir wieder im Schloß waren, ein »Prinzenehepaar«, hattest Du soviel blühenden Herbst im Arm, daß Du mehr zu tragen nicht imstande warst. Die Glocken der kleinen Krumker Kirche läuteten schon, als ich mit dem Brautstrauß in Dein Zimmer stürzte, meine Braut feierlichst einzuholen. Vor der Schloßtreppe formierte sich der Hochzeitszug, der alsdann mit gemessenen Schritten dem Kirchlein zustrebte. Eine kirchliche Trauung habe ich feierlicher als unsere noch nicht erlebt. Die kleine Dorfkirche von Krumke paßte so recht in den Rahmen unserer romantischen Hochzeit. Zum Eingang spielte Marianne auf der Orgel eine Komposition, die Onkel Karl eigens für uns erdachte. Und weißt Du, mein Liloken, wie wir vor den mit Rosen geschmückten Altar traten und während der ganzen eindrucksvollen Ansprache des Pfarrers und überhaupt während des feierlichen Aktes

Trauung immer gerade standen wie die Kerzen? Es soll ein schönes Bild gewesen sein. Weißt Du, wie der Onkel Karl auf seiner Geige den Ringwechsel mit Bachschen Klängen untermalte? Onkel Karl, ein weltbekannter und geschätzter Musiker, spielte zu unserer Trauung: Wahrlich eine Prinzenhochzeit!

Wohl hundertmal habe ich meinen Kameraden schon unsere Hochzeitsbilder gezeigt. Noch öfter habe ich sie mir selbst angesehen und mich darüber gefreut. Wie Dich die Kinder nach der Trauung umringen und Dir Blumen schenken unter dem Torbogen, mit der Kirche im Hintergrund, weißt Du, welches Bild ich meine? Und wie wir strahlten? So schön hatte ich mir meine Hochzeit nicht vorgestellt. Sie paßt mit ihrer sorglosen Glücklichkeit so wenig in unsere schwere Zeit, daß wir immer nur wieder feststellen können: ein Märchen!

»Wie im Film« haben wir auch mehr als einmal festgestellt, und den Titel hatten wir auch schon: »Hochzeit auf Krumke«!

Weißt Du noch, unseren Hochzeitszug mit den blumenstreuenden
Kindern bis zum Schloß, ja die Treppe noch hinauf? Den festlich, über
und über mit Rosen gedeckten Speisetisch? Wie wir nachmittags im
Garten luftkegelten? Lotti erklärte mir die Regeln. Der schwierigste
und seltenste Wurf läßt alle Kegel außer dem mittleren stehen. Ich warf
ihn beim ersten Male! Und Du! Du warfst den zweiten seltenen Wurf:
Nur der König blieb stehen! Wir ließen uns dies gern als glückliches
Omen für unsere Ehe deuten.

Und weißt Du, wie wir abends in der Halle auf dem großen
Ledersofa, dem Kamin gegenüber saßen, und Dein Onkel Karl, von
Tante Gretel begleitet, im Musikzimmer, dessen Türen weit in die
Halle geöffnet waren, Geige spielte? Wir saßen nebeneinander und
hatten einander angefaßt. Wir waren glücklich!

Schloß Krumke, erbaut 1854 bis
1860 im neugotischen Stil an
Stelle einer alten Wasserburg
(1943)

96

Im Park von Schloß
Krumke (1943)

Das war eine lange Reise! Frühmorgens in gießendem Regen aus Osterburg weg, fünfmal umsteigen, bis gegen Abend Zingst, meine Heimat, erreicht ist. In Rostock, im Wartesaal, gab es den ersten »Ehestreit«. Du spieltest an Deinem zu weiten Ehering, und ich machte Krach, weil Du mir »den Ring vor die Füße warfst«! Aber Du hast meinen »Krach« nicht geglaubt, und deshalb konnte es zu keiner Versöhnung kommen. Wir hatten sie auch nicht nötig, denn wir lebten sowieso nicht auf der Erde!

In Zingst kam das große Herumzeigen meiner Frau! Onkel Carl Dettmann und »Tamara« waren mit Lotte und Nichte Ruth an der Bahn. Meine 90-jährige »Dösse« wartete zu Hause darauf, die neue Enkelin kennenzulernen. Die Bilder, die Du von ihr gemacht und mir ins Feld geschickt hast, stehen vor mir. Ich freue mich sehr darüber. Du hast die »Dösse« eingefangen, wie sie leibt und lebt!

Dann sind wir bei Dösses »kleinem Bruder«, dem 83-jährigen Onkel Franz und seiner Frau, der Tante Hanna (Du nanntest sie immer Tante Anna) gewesen. Am Strand haben wir uns getollt und nach Prerow sind wir, immer an der See entlang, gewandert. Dabei drohte schon wieder ein Ehedrama, denn Du hattest die Insignien einer Ehefrau und allen Schmuck zu Hause vergessen, und ich freute mich, zum ersten Male als verheirateter Mann mit einem »jungen Mädchen« allein am Strande zu promenieren!

Am 1. Oktober begann dann die Zeit, in der wir einander nicht nur nachts, sondern auch am Tage allein gehörten. »Zimmer reserviert – Wasnerin« stand auf dem Telegramm aus Aussee. Also machten wir uns auf zu einer Reise quer durch Deutschland. 1000 Kilometer Eisenbahnfahrt. Zunächst ging es nach Berlin. Die Eltern Purper waren in Krumke. Wir räuberten ihre Speisekammer und verschwanden wieder. Der Bahnsteig steht knüppelhageldicke voll. »Erst siegen – dann reisen« schreiben Plakate von allen Wänden uns an. Ich denke an Deinen Ausspruch: »Du hast gesiegt – ich reise«. Zwei Kurswagen nach Klagenfurt hat unser Zug. Lawinenartig wälzt sich die Menschenmasse auf die Türen zu. Eine Frau mit einem Kind auf dem Arm wird vom Trittbrett gedrängt. Die »Wehrmacht« muß eingreifen! Mit zwei Offizieren »riegeln wir nach links und rechts ab« und haben dafür das Vergnügen, als letzte einzusteigen und keinen Sitzplatz mehr zu finden. Aber unsere Reise beginnt unter unserem guten Stern. Für einen »Reichsbahnrat« (Donnerwetter, welch hohes Tier) wird ein ganzes Abteil freigehalten. Wir helfen der Schaffnerin, es gegen die immer wieder anstürmenden Massen zu verteidigen und – bekommen zwei Eckplätze! Herr Reichsbahnrat hat den Zug verpaßt!

Zingst auf dem Darß, Geburtsort von Kurt Orgel (1943)

Die lange Reise ist uns alles andere als lang geworden. Endlich allein! Das heißt: ohne Verwandtschaft. Wir haben Muße, die vergangenen Tage noch einmal an uns vorüberziehen zu lassen. In Salzburg müssen wir umsteigen. Salzburg? Erinnerungen werden wach. Die Hohensalzburg, Mozarts Geburtshaus, der Königssee. Bis zur planmäßigen Abfahrt unseres Bummelzuges, der uns nach Attnang-Puchheim bringen soll, ist noch über eine Stunde Zeit. Da läuft der D-Zug nach Wien ein! Er hat fast 100 Minuten Verspätung. Mit ihm erreichen wir unser Ziel schneller, also hinein! An Sitzplatz gar nicht zu denken! Aber horch mal, was wird da auf dem Bahnsteig gerufen? »Platzkarten zum Mittagessen gewünscht?« Nanu, Speisewagen? Im fünften Kriegsjahr? Nachdem sonst überall die Mitropa ihren Betrieb eingestellt hat? Sollte es möglich sein? Es war! Wenige Minuten später sitzen wir behaglich vor einem durchaus brauchbaren Mittagessen, und als wir fertig sind, fährt der Zug in Attnang-Puchheim ein. Was sollen wir nun mit der durch den Schnellzug gewonnenen Zeit anfangen? Gewohnheitsmäßig erkundigen wir uns, ob die Abfahrtszeit für unser Bähnchen nach Aussee richtig ist. Jawohl, sie stimmt, »aber die Herrschaften könnten doch schon mit dem früheren Zug fahren, der in einer halben Stunde abfährt«. Auf diese Weise haben wir die Reichsbahn um 2 Stunden überlistet, konnten die wunderschöne Fahrt durch das Salzkammergut bei Tage und hellem Sonnenschein genießen und haben unsere Flittertage um 2 Stunden verlängert! »Wenn Du ein romantisches Plätzchen für Deine Hochzeitsreise suchst, einen Ort, wo die Verdunkelung nur angedeutet wird – dann fahre nach Bad Aussee und wohne bei der Wasnerin«. Diesen Rat meines Kameraden Gestefeld haben wir befolgt und brauchten es nicht zu bereuen.

Aussee liegt in einem großen Tal. Geht man auf der einen Seite zum Ort hinaus, kommt man zum Grundl-See, ein schöner Spaziergang, besonders wenn zwei verliebte Leutchen ihn machen – aber sonst bietet der Grundl-See keine außergewöhnliche Sehenswürdigkeit. Erinnerst Du Dich an das goldleuchtende Herbstlaub über dem im Gegenlicht schimmernden Gebirgsbach? Und daß ich meinte, dies ließe sich nicht mit der Kamera bannen, und Du mir inzwischen den Gegenbeweis brachtest?

Verläßt man Aussee zur anderen Seite, dann kommt man nach Alt Aussee, und dorthin zu gehen, lohnt sich ungemein. Der verträumte tiefschwarze See, von hohen Bergen umsäumt, hat auch uns zu einer Bootsfahrt eingeladen. Sie war ein klein wenig melancholisch. Unser Nuß-Schälchen über einer abgründig schwarzen Tiefe. In der Mitte des mehrere Kilometer langen Tales zieht sich, gleichsam als Längsachse, ein Höhenrücken entlang. (Du stimmtest für Plateau!) Auf ihm, und zwar dort, wo man die schönste, weite Aussicht hat, liegt unser Hotel, die »Wasnerin«. Berge, hohe Berge ringsumher. Ich habe die Namen vergessen. Der »Dachstein« im Hintergrunde war der berühmteste. Du mochtest den am liebsten, der auf der anderen Seite liegt und wie eine Burg aussieht, weißt Du noch? Mit einer Tür an der steilen Wand! (Jedenfalls sah es so aus). Bad Aussee! 10 Tage voll eitel Sonnenschein. Ein Tag wie der andere, strahlend von Sonne, äußerlich wie innerlich. Es war Oktober, aber warm wie im Sommer.

An diese Tage mit Dir zurückdenkend, kann ich nur die Augen schließen, so blendend hell ist dieses Glück. Mädchen, Liloken – Du meine Frau! Daß wir verheiratet sind, ist nichts Besonderes, wir sind ja schließlich in dem Alter, aber daß wir miteinander verheiratet sind – das scheint mir das unfaßbare Glück!

Komm, laß uns die Augen zumachen und von den Tagen träumen, die mir die geheimsten Wünsche meines Lebens erfüllten. Eine Frau zu haben wie Dich! Mädchen, Du weißt nicht, was das bedeutet!

Siehst Du die Herbstzeitlosen dort unten im Bach? Irgendjemand hat sie gepflückt und arglos weggeworfen. Auf unserem Weg nach Aussee kommen wir regelmäßig an ihnen vorbei und freuen uns über sie. Als wenn sie das wüßten, haben sie sich in dem feuchten Bachgrund die ganze Zeit frisch gehalten. Nachdem wir abgefahren waren, haben sie bestimmt die Köpfe hängen lassen, sind traurig gewesen und verwelkt.

Auf dem Kamm des sanft abfallenden Höhenrückens gehen wir zwei. Die liebe Sonne sendet uns ihre schon schwachen Strahlen. Nur wenige Augenblicke noch, gleich wird sie, eine große rotgoldene Kugel, hinter den Bergen zu Bett gehen. Wir schauen ins Tal, und was sehen wir? Das Schattenspiel, das uns die Klinglers vor unserer Hochzeit brachten: Ein Großes und ein Kleines, wie sie einträchtig nebeneinander stehen. Ich nehme Dich in die Arme und – was sagst Du dazu? Die beiden Frechdachse da unten äffen uns nach! – Wir sitzen im Speisesaal der Wasnerin. Wir waren ja immer die Ersten! Nun kommen sie alle an, unsere lieben Mitbewohner, die »törichte Jungfrau«, (war sie wohl von der Sonne oder von innen heraus so rot angelaufen?), der »intellektuelle Sohn«, nach links und rechts höflich dienernd. Die junge »Zugeknöpfte«, eine Mutti mit der altneumodischen Frisur hat ihren Pappi zu Besuch. Er hätte für sie eigentlich ein bißchen größer sein müssen. Da kommt unsere »Konkurrenz«, das »hauptmännliche« Hochzeitspaar! Jeden Morgen freuen wir uns darüber, daß die beiden auch nicht früher aus den Betten finden als wir. Ganz kurz guckt Rudolf Forster auch mal in den Saal. Gut sieht er aus, nicht? Wie im Film! Und die anderen? Ach, was wollen wir lange auf andere sehen, sie waren für uns ja sowieso alle nicht da!

An einem Tag sind wir überhaupt nicht weggegangen. Wir saßen, schwätzten und lasen uns vor. Du hattest eine Kleinigkeit an den

Strümpfen zu stopfen. Wir fanden es riesig gemütlich, so gemütlich, daß wir den Tag wiederholten. Weißt Du, Du wuschest Dir etwas aus, und ich nannte Dich »meine Waschfrau«, und das Ganze nannten wir »unseren Waschtag«!

Im Kino sind wir auch einmal gewesen. Aber das Schönste daran war der gemeinsame Heimweg in der milden, mondklaren Herbstnacht. Was waren wir verliebt und glücklich!

Am vorletzten Tage, dem Sonntag, gingen wir in das Tal vor uns, vorbei an den Kühen, die Du nur von weitem leiden magst. Auf einem Gartenzaun »mit Aussicht«, haben wir Aufnahmen gemacht. Du von mir, ich von Dir, Du von uns. Überhaupt, unsere Spaziergänge!

Wie herrlich, daß Du so viel Schönes mit Deiner Kamera eingefangen hast, wenn ich auch oft nur als »einzelner« Hochzeitsreisender erscheine. Man wird es meinen strahlenden Augen ansehen, daß Du dabei warst. Und Obst gab es eine Menge im Salzkammergut – aber nicht für uns. Wer kann uns böse sein, daß ich mit meinen langen Armen mal hier eine Zwetschge, dort einen Apfel pflückte? Weißt Du noch, den großen, gelben, den wir uns für die Heimreise aufbewahrten? Den Kohlrabi, den ich uns im Dunkeln »besorgte«, hast Du sehr zweifelnd angesehen, aber nachher hat er Dir doch gut geschmeckt.

Eines Spätnachmittags hatten wir das Bedürfnis, unser Haupthaar scheren ud waschen zu lassen. »Handtuch ist mitzubringen«. Damen- und Herrensalon war eines. Und das war sehr lustig. Wie ein aus dem Wasser gezogener Kater sahst Du aus. Hihi, was hab ich gelacht (aber Du hast nichts davon gemerkt), und zum Schluß habe ich zum ersten Male die Friseurrechnung für meine Frau bezahlen dürfen!

Heute schreiben wir den 8. Dezember 1943. Die Terrorangriffe auf Berlin dauern an. Ein Kamerad aus Hamburg kommt aus Deutschland zurück. In Berlin ist ihm das Hotel über dem Kopf abgebrannt. Toll sähe es in unserer Reichshauptstadt aus. »Wie Hamburg, nicht ganz so schlimm.« Schöneberg, der Innsbrucker Platz, hat auch allerhand abbekommen. Die Martin-Luther-Straße ist schwer getroffen! Von Dir, mein Liloken, fehlt jede Nachricht. Dein letzter Brief ist vom 18. November und stammt aus Naumburg. Die Post in Berlin sei völlig durcheinander, das Feldpostamt am Schlesischen Bahnhof getroffen. Ich versuche, mich damit zu beruhigen, aber es gelingt schlecht. Goebbels hat eine Rede gehalten, lese ich im Hamburger Fremdenblatt. »Die Bevölkerung habe sich gegen den Terrorangriff auf ihre Wohnhäuser mutig zur Wehr gesetzt!!« Und »alle Organisationen seien an der Arbeit, um in der Stadt wieder ein – wenn auch wesentlich eingeschränktes – bürgerliches Leben zu ermöglichen.« »Wir werden unser persönliches Leben auf einen primitiven Zustand einschränken müssen ...« Welch beruhigende und trostreiche Sätze für einen Frontkämpfer, der seine

Frau in Berlin vermuten muß! Ich muß Dich in Not und Gefahr vermuten, mein Liloken, und ich sitze hier, zwar an der Front, aber in augenblicklich noch oder wieder ruhigem Abschnitt. Wenn ich Dir doch helfen könnte! Stattdessen beschäftige ich mich mit unserer Familienchronik. Welch Irrsinn!

Ich wollte, mein Liebes, so schön die Tage mit Dir in Aussee waren, ich wollte, ich hätte auf jene Zeit verzichten müssen und jetzt dafür bei Dir sein dürfen. Aber, mein Frauken, unser guter Stern hat noch immer über uns gewacht. Wir wollen ihm weiter vertrauen!

Dieser erste Teil unserer Familienchronik soll Dich am Weihnachtstage erreichen. Wo Du auch sein magst, und wie schwer Du auch getroffen sein magst, mein Liebes, folge mir einige Minuten in der Erinnerung an unsere ersten Ehetage, versuche aus ihnen und aus der Gewißheit, daß ich in Gedanken stets bei Dir bin und an unsere gemeinsame glückliche Zukunft fest glaube, neue Kraft und Lebensfreude zu schöpfen!

Weißt Du, wie wir immer in unser Postfächlein in der Portierloge der Wasnerin schielten? Und was kam da alles an! An Liselotte Purper, Liselotte Orgel, Liselotte Orgel-Purper, an Frau Amtsgerichtsrat, Frau Bildberichterin und Frau Schriftleiterin! Deine ganze prominente Bekanntschaft, Freundschaft, Kundschaft marschierte in Glückwünschen auf.

Ha, siehst Du sie sitzen? Eine Laube mehr als ein Häuschen, ein Loch im Dach, darauf, die Beine ins Innere baumelnd, eine Maid. Wie sie umherspäht! Jetzt nimmt sie das Doppelglas und mustert uns. War sie einmal nicht da, wenn wir vorüber gingen? Einmal suchten wir Deinen Kamm. Vielleicht werden wir einmal darüber lachen können und es nicht mehr begreifen, was für eine Kostbarkeit ein Kamm heute ist. Einen neuen gibt es nur gegen Abgabe des alten! Und erinnerst Du Dich an den Schrecken, den ich Dir einjagte, als wir im Walde soviel Pilze stehen sahen, und Du fragtest, ob die wohl eßbar sind und ich einfach einen griff und meinte, dies werden wir feststellen und ein Stückchen abbiß? Und ich etwas übermütig den Landserschnack wiedergab, der etwas bitter dem erwählten Mädchen die Frage stellt: Willst Du meine Witwe werden?

Der Tag der Abreise ist herangekommen. Spät am Nachmittag geht es los. Viele der Gäste wollen mit demselben Zug reisen. Drei Kutschen sind vorgefahren. »Natürlich« bekommen wir die einzige Zweispännige, weißt Du, die mit den lustigen kleinen Ponys? »Natürlich setzen wir uns an die Spitze des ganzen Zuges, und unser Kutscher ruft den Bauern auf dem Felde zu: »Ne Hochzeit!«

Was soll ich von der Fahrt erzählen? Nur einen kleinen Teil des Salzkammergutes sahen wir noch bei Tag, dann breitete der volle

Mond sein gespenstisches Licht auf die Landschaft, und bleiern glitzerte das Wasser der kalten Gebirgsseen. Du saßest zurückgelehnt, mir gegenüber im Abteil, Du träumtest. Lange konnte ich Dich ungestört betrachten, bis ich, von innigsten Gefühlen überwältigt, mich zu Dir neigte, leis Dir zu sagen: »Du, mein bester Kamerad!«

In dem Zuge Wien–Berlin haben wir keinen Sitzplatz gefunden. Das hat uns aber auch nicht gekränkt. Im Vorplatz der D-Klasse war ein Notsitz, unsere beiden Koffer dazu, und, siehe da, wir haben sogar einen Liegeplatz für Dich gefunden! Um 10 Uhr waren wir in Berlin, bei den Eltern! Die guten Eltern! Wie schön hatten sie uns den Empfang gemacht. Es war nochmals Hochzeit! Mittags ein Ruhestündchen, zum Kaffee eine »Friedenstorte«, von der Milchfrau gestiftet für das neugebackene Ehepaar und abends noch einen gemütlichen Schoppen Wein. Und dann: Die Olluschi hat uns unsere Hochzeitsbilder gemacht. Welche Freude! – Spät abends war es, daß Du mich zum Schöneberger Bahnhof brachtest. Das war am 12. Oktober – heute schreiben wir den 12. Dezember. Endlich, endlich ist ein Brief von Dir angekommen. Du lebst, die Eltern leben! Ihr seid in Krumke – alles andere kommt in zweiter Linie. Deinen Brief, den vom 25. November, habe ich für unsere Chronik bestimmt. So anschaulich, so erschütternd und auch so lieb kann keine Erzählung sein: – – – Dein Brief – – –

Und jezt, mein Liloken, sind die ersten gemeinsamen Tage unserer Ehe zu Ende, müssen zu Ende sein, denn darf man Erinnerungen nachhängen, wenn die Gegenwart ruft?

Der Oktober ging zu Ende, der November kam und ging, der Dezember ist da, Weihnachten steht vor der Tür! Du warst fast immer auf Reisen, an der Mosel, in Luxemburg, bei Naumburg – ich habe mein Regiment vor Newel in schwerem Kampf angetroffen, habe meinen neuen Posten als Regiments-Adjutant übernommen, und aus Deinem Leutnant ist ein Oberleutnant geworden. Und dieser Oberleutnant wird in wenigen Tagen behaglich in den Polstern der zweiten Klasse lehnen und gedankenvoll die blauen Wolken seiner Zigarre vor sich hinblasen. Wie war das gekommen? »Kannst Du nicht zu Deiner ausgebombten Frau kommen« hast Du in Deinem lieben Brief geschrieben. Schon wieder Bombenurlaub? Nach der Vorschrift könnte ich ihn beantragen. Aber das scheint mir den Kameraden gegenüber unbillig, denn – ehrlich, mein Liloken – ich habe noch keine schöneren Ferien gehabt, als den »Bombenschadenurlaub«! Aber wie wäre es mit dem zustehenden Erholungsurlaub? Sofort oder nicht vor März, andere Möglichkeiten gibt es nicht. Also bitte ich den Oberst um Urlaub.

Zwei Fragen – zwei Antworten, dann: »Genehmigt!« Ich komme zu Dir, mein Frauken. Weihnachten kann ich vielleicht dort sein! Hurra!

Im Zug, 13. Oktober 1943

Mein geliebtes Liloken!
Gut den Zug erreicht! Bequemer Mittelplatz bei sechs Mann im Abteil. Ich danke Dir, daß Du so tapfer beim Abschied warst. Mein Winken hast Du nicht mehr gesehen. Schreibe ich nicht prompt? Hätte es noch schneller gehen können? Mach's ebenso und schreib oft und viel an Deinen Dich treu liebenden Kuddel. Mein Liloken, daß wir verheiratet sind! Und miteinander! Das kommt noch hinzu! Es ist märchenhaft schön!

Rußland, Feldpostnummer 26444, 19. Oktober 1943

Geliebtes Liloken!
Ein kleiner Gruß zwischendurch. Mit gleicher Post geht ein Päckchen an Dich ab. Bei der Marschverpflegung auf der Reise hierher habe ich ein Stück durchwachsenen Speck erhalten, daß ich nicht gebraucht habe. Zum Braten wird es noch gut gehen. Alles Liebe, mein Liloken, und einen innigen Kuß von Deinem

»Gatten« Kuddel

Rußland, Feldpostnummer 26444, 17. November 1943

Mein geliebtes Weib!
Du, ich muß immer wieder das Bild »Du und ich im Strandkorb« ansehen. Ich bin vollkommen verrückt. Und einen »Hunger« hab ich. Wenn ich bedenke, daß ich damals mit Dir nach Hause gehen konnte und – nein, ich darf es gar nicht weiter denken. Mir wird heiß und kalt!! Ich hab Dich wahnsinnig lieb! Ich gucke meinen Ring an, der mir lange schon zur Selbstverständlichkeit geworden ist und freue mich, wie – ja, wie ein Jungverheirateter.

Tausend liebe Küsse von Deinem Kuddel

Rußland, Feldpostnummer 26444, den 18. November 1943

Mein Frauken! Gestern nacht habe ich mich mal wieder schriftstellerisch betätigt. Es wurde von uns ein »propagandistisch gehaltener Gefechtsbericht« über unseren schweren, aber siegreichen Abwehrkampf am 10. und 11. November verlangt. Du wirst ihn später mal lesen. Zur Zeit kann ich ihn Dir nicht schicken, da die Dinge noch »geheim« bleiben müssen.

Mein innig Geliebtes – laß Dich küssen von Deinem Kuddelmann

Rußland, Feldpostnummer 26444, den 22. November 1943

Mein Liloken!
Wir sitzen beisammen und trinken ein Schnäpschen auf meinen OBERleutnant!

Herzliche Grüße, Dein Kuddel

Sehr verehrte gnädige Frau, zu den ersten Sternen Ihres Gatten meine besten Glückwünsche.
Mit Empfehlung und Handkuß, Ihr sehr ergebener Seifert
Hochverehrte gnädige Frau! In froher Runde werden die Sterne begossen.

Ihr ergebener Dosse

Berlin, 23. November 1943

Mein geliebter Kuddel!
Furchtbarste Nacht! Wir haben alles verloren außer dem Leben. Wir wollen fort aus Berlin und können nicht! Keine Bahnverbindung! Der Vater krank! Auch Schwägerin Ursels Wohnung war einmal. Ich habe Stunden gebraucht, um vom Anhalter Bahnhof bis Schöneberg zu Fuß zwischen den Bränden durchzukommen. Und erst die Eltern vermißt! Die Martin-Luther-Straße 27 war ausgebrannt – Qualm zog noch aus dem Keller auf die Straße. Grauenhaft! Wenn Du kommen kannst – ich brauche Dich grenzenlos!

Dein Liloken

Krumke, 25. November 1943

Mein Orgelmann! Zwei ganze Monate verheiratet! Jahre scheinen dazwischen zu liegen. Wir recht war meine Bedrückung und Furcht! Nun, da alles herum ist, finden wir uns noch nicht wieder, außer in einer stumpfen Leere, aus der man hin und wieder aufheulen möchte in einem aufquellenden tiefen Schmerz. Dann starren wir wieder vor uns hin mit zusammengepreßten Lippen und sind still angesichts des Massenelends.

Wir leben, es war uns in Stunden höchster Not das Wichtigste. Ein Gewinn, für den wir alles opfern wollten und opferten. Nun, hier in der bedrückenden äußeren Friedlichkeit Krumkes scheint unser Leben wenig ohne eine Heimstatt.

Doch heißt unser Trost, wenn einer den anderen mit Tränen kämpfen sieht: Wir haben doch uns! Haben wir damit nicht alles? Alles! Der Mensch ist ungenügsam, wie er sein Höchstes gerettet weiß. Die lieben kleinen Eltern! Sie tun mir in der Seele leid! Und wie vorbildlich tapfer halten sie sich.

Wie tapfer, wie ruhig ertragen die Menschen überhaupt dies Grauen. Nur ein innerer Glaube, eine brennende Hoffnung, daß wir dennoch siegen werden, läßt das Volk dieses Entsetzen gefaßt ertragen. Ohne diese Hoffnung, ohne diesen Glauben, müßte die Menschen ein rasender Wahnsinn erfassen.

Mein Kuddel! Heute morgen um 9 Uhr – nein, es war gegen 10 Uhr schon, sind wir hier nach über 20 Stunden angekommen. Es war eine tolle Fahrt!

Wir hatten bei Wenzels in Schmargendorf Aufnahme gefunden. Am Morgen nach dem zweiten schweren Angriff, der uns verschonte, zogen wir drei alle nach anderen Richtungen aus.

Der Vater noch einmal zu uns in die Martin-Luther-Straße. Die Mutter, um einen Total-Bombenschein zu holen. Emil Wenzel und ich, um auf dem Anhalter Bahnhof meine untergestellten Koffer zu holen. Wir mußten bald umkehren, wir kamen nicht vorwärts. Es gab kein Verkehrsmittel.

So kam Emil auf die einzige Lösung, mit Rädern hinzufahren. Wir starteten, ich führte, da mir alle Wege und Seitenstraßen am meisten bekannt waren. Wir mußten Umwege machen, da durch viele Straßen nicht durchzukommen war. Wir mußten die Räder über Geröll und Glasscherben tragen. Kurz, wir schafften alles nach Wunsch. Mit den Koffern auf dem Rad, bei scharfem Gegenwind und wirbelndem Dreck in der Luft, landeten wir wieder in Schmargendorf. Die Eltern stellten sich auch wieder ein, blaß, bleich bis zum Umsinken.

Um 1 Uhr versuchten wir – und mit Erfolg – hierher durchzukommen. Mit der S-Bahn bis Jungfernheide, von da mit der Vorortbahn bis Nauen, von dort mit einem Hamburger Zug. In Jungfernheide kamen wir bereits nicht weiter. Also kehrt! Von Westkreuz nach Potsdam! In Potsdam kein Weiterkommen ohne Fahrkarten!!!

Über zwei Stunden kämpfte ich bis zu den Rippen eingeengt in einer zähen, stillen und verbissenen Masse um Fahrkarten. Wären die Eltern nicht gewesen, ich hätte das niemals geschafft! Öfters mußte ich auf die Zehenspitzen und, von der drängenden Masse gehoben, tief Luft holen. Dann sah ich mein getreues Mütterlein entfernt stehen und mir mit den Augen Mut zuwinken.

Als ich die Karten in der Hand hatte, konnte ich kaum noch auf den Füßen stehen.

Dafür konnte ich mich für die nächsten drei Stunden auf dem Koffer sitzend erholen.

In den D-Zug nach Magdeburg waren wir nicht hineingekommen. So würdig die Haltung der Bevölkerung in der Stadt war, so unwürdig gestaltete sich die Abfahrt der durch mangelhafte Organisation gepeinigten Menschen.

Sie wurden kopflos und stürmten den Zug. Ich habe noch eine Meute vor Augen, die niederrannte, was sich ihr in den Weg stellte. Frauen schrien, Männer brüllten. Die Fensterscheiben wurden klirrend eingeschlagen und hinein, was konnte, ob Frau, Kind oder Mann! Es war ein unbeschreiblicher Aufruhr.

Inmitten der blindwütigen Leute, die nur noch von einem Instinkt geleitet wurden, nämlich sich um jeden Preis zu retten und ein höchst jämmerliches Bild, einen unwürdigen Zustand boten – stand, die Hände in einem eleganten Waffenmantel vergraben, ein spanischer Offizier. Seine Haltung, sein festes beherrschtes Gesicht waren von einer unerschütterlichen Gelassenheit. Aufrecht, stolz, mit gespanntem Interesse schaute er sich dieses Schauspiel an, für das wir uns bitter schämten.

So sah keine Nation aus, die zu siegen glaubte!

Doch darf man diesen Augenblick vergessen gegenüber der bewunderungswürdigen Haltung der schwerleidenden Bevölkerung der vom Feind betroffenen Stadtteile.

Wir also kamen hundekalt und abgespannt um 19 Uhr mit einem Personenzug nach Magdeburg. Mutt und ich allerdings, getrennt vom Vater, im Packwagen. Ich hatte anfänglich nicht so viel Platz, daß ich stehen konnte. Ich schwebte zwischen, über, unter Koffern!

Unterwegs Fliegeralarm und Stehen auf freier Strecke.

Von Magdeburg Anschluß nach Stendal! Dort in einem völlig überfüllten Warteraum auf Koffern den Morgen und Weiterfahrt nach Osterburg erwartet.

Züge aus dem Reich bis über neun Stunden Verspätung!

Fast wären wir in Osterburg nicht ausgestiegen, so waren wir in Gedanken versponnen.

Wir wurden abgeholt und herzlichst aufgenommen. Ein gutes Frühstück mit geopferten Spiegeleiern! Im Bett wartete für unsere Eisfüße eine Wärmekruke.

Die Mutter stand heute gar nicht wieder auf. Ich schlief nur 1 1/2 Stunden. Nach Tisch hatten Ursula und ich unsere Herzen auszuschütten.

Ursi hat alles verloren, wie wir. In die Keller war noch nicht hineinzukommen, doch besteht kaum die Hoffnung, daß noch durch ein Wunder irgend etwas erhalten ist. Theo hat alles verloren! Die Eltern von Joachen Timm haben alles verloren.

Klinglers haben schwere Hausbeschädigungen.

Das Haus von Gwinners ist ausgebrannt.

Das Haus von der Schwester Tante Gretes ist ausgebrannt.

Soweit wir Bekannte ermittelten – außer Buchholtzens – haben alle alles verloren.

Wie Buchholtzens den zweiten Angriff überstanden, wissen wir allerdings nicht.

Nach dem ersten suchte ich sie auf.

Onkel Erich hatte sieben Stunden Wassereimer geschleppt und konnte nicht mehr krauchen.

Ihr Haus stand umgeben von rauchenden Trümmern!

Mein Kud!

Höre! Über mir schwebte »unser Stern«!

In Schulpforta kam und kam kein auch nur so einigermaßen fotografierbares Wetter. Ich mußte den Sonntag zugeben. Ich mußte den Montag zugeben! Montag gab ich das Warten auf, und wir fuhren ab. Wir wollten möglichst früh in Berlin sein und bemühten uns darum seit 10 Uhr vormittags. Verspätungen! Wir fuhren über Leipzig. Verspätungen! Wir standen auf dem regennassen Bahnhof 1 1/2 Stunden, um wenigstens mit dem 2. Zug mitzukommen. Endlich um 19.28 Uhr war unser Zug am Anhalter Bahnhof eingefahren. Merkwürdig und auffallend verdunkelt. Ich sagte zu Olluschi: es ist schon Voralarm! Und kaum ausgesprochen, ging die Sirene los!

Na, es war ein Strom von Menschen, der sich in die S-Bahn ergoß und von dieser in einen Riesenbunker geleitet wurde. Ein vierstöckiger Bunker! Drei dieser Art stehen in Berlin und gelten nach menschlichem Ermessen als bombensicher. In einem solchen sicheren Bunker ließ »unser Stern« Dein Lilo sitzen, und wenn auch dieser Bau nicht ohne Erschütterungen war, so war ich doch weit und breit am sichersten untergebracht.

Wir hörten von Zuströmenden, daß sich ein schwerster Angriff tat. Nach der Entwarnung kam ein weitere Alarm, der uns ebenfalls noch am Anhalter Bahnhof antraf und uns wieder in den Bunker trieb. So auf diese Weise, mein Kuddel, ist Dein Liloken um das größte Entsetzen herumgekommen.

Es wurde bekanntgegeben, daß kein Verkehrsmittel ging. Um den Bahnhof brannte es lichterloh.

Ich konnte meine Koffer abgeben und mich mit Olluschi auf den Weg nach Schöneberg begeben.

Dieser Weg, mein Kuddel! Beißender Qualm und Rauch. Die Füße tappen zwischen und in Glasscherben. Es ist brandhell und doch können die Augen nichts sehen vor einer in der Luft hängenden dicken Sand- und Qualmschicht. Wir ziehen Tücher und halten sie vor die Augen, vor die Nase, vor den Mund. Wir können nur blinzeln. Sturm kommt auf, daß wir hinter Straßenbahnwagen, Litfaßsäulen und stehenden Rot-Kreuz-Wagen Deckung suchen müssen. Und es kracht in den brennenden Häusern und klatscht auf die Straße!

Schon sehen wir Verletzte tragen. Bald können wir vor Sturm und Dreck nicht weiter. Ganze Funkengarben, Funkenregen schütten auf uns nieder. Wir müssen von Haustor zu Haustor, um Luft zu schöpfen und die Augen zu beruhigen. Kurz vor dem Nollendorfplatz kamen wir vor Sturm nicht weiter und mußten uns in einem Hausflur auf umgekehrten Wassereimern erholen. Wir froren vor Erregung. Olluschi entdeckte plötzlich, daß wir in einem Haus von Bekannten standen!! Wir wurden wärmstens aufgenommen und mit dem letzten Gas, das durch die Leitung strömte, mit heißem Tee versorgt. Und für 1 1/2 Stunden zu zweit auf ein Sofa gebettet. Dann graute schon der Morgen und weiter ging's.

Durch die Straße kamen wir nicht, durch jene nicht. Mit dem Sturm war es besser geworden. Jetzt genügten die Tücher wieder, während nachts nur Leute mit Gasmasken oder diejenigen, die Brillen bei sich hatten, vorwärts kamen.

Ach Kuddel. Von der Motzstraße, Ecke Martin-Luther-Straße an schwand mir jede Hoffnung. Da war's am tollsten. Es brannte überall, aber von da an jedes Haus. Die Häuser waren bereits nur noch Fassaden, die einzustürzen drohten!

Toll! Auf der Straße lagen noch Steine und Balken, Drähte, Pfähle und wieder zusammengestürzte Steine und Balken. Ein Anblick! Unser Haus? Die Eltern? Ich lief mit Olluschi von entsetzlichen Gefühlen erfüllt.

Angstgepreßt habe ich innerlich immer nur »ach Kuddel« gestöhnt! Ach Kuddel! Furchtbar war es! Und die Straße herunter, links und rechts! Die Schule, der »Reichshof«! Und da – sind da nicht bei uns auch nur noch Balken und leere Fensterhöhlen? Mein Gott! Jetzt sehe ich! Ausgebrannt, total ausgebrannt! Helle Flammen nur noch aus dem Laden von Sievers!

Und die Eltern?

Die Schule uns gegenüber ist von einer Sprengbombe zerrissen! Mitten auf der Straße treffe ich unsere Hauswartsleute. Nicht wiederzuerkennen! So hat diese Nacht ihre Gesichter gezeichnet! Die Eltern? Ja, die sind aus dem brennenden Haus heraus. Wohin? Achselzucken. »Suchen Sie die nächsten Luftschutzkeller ab!« Ich suche. Olluschi treu und lieb zur Seite. »Haben Sie meine Eltern gesehen?« Oft habe ich das gefragt! Ach Kuddel! Im Rathaus, das halb zerstört ist, ist Sammellager, jetzt Lazarett!

Nirgends die Eltern! Erst als ich wieder zurücklaufe, kommt Frau Fischer mit entgegen. Die Eltern sind aufgetaucht, ich möchte warten, wenn ich wiederkomme.

Während ich sehnsüchtig warte und in die Trümmer starre, mit vielfältigen Gefühlen, höre ich laut und jubelnd rufen: »Liselotte«. Ich fahre herum! Die Eltern! Ach, unbeschreiblich unsere Freude über unser Wiedersehen! Unbeschreiblich!

Ja, so war es und vieles noch! Die Augen sind angefüllt mit entsetzlichen Bildern.

Der 2. Angriff war ebenso schwer. Durch Straßen ziehen Scharen obdachloser Menschen mit weniger Habe auf dem Rücken oder in den Koffern an den Händen! Ein Riesenelend!

Und Berlin mit einem Frontgesicht. Du kennst es nicht wieder! Wir sind geschlagen, wieder einmal! Schwerst geschlagen! Mutti geht in Gedanken unaufhörlich die Wohnung durch! Und was ging alles in Flammen auf! Auch Deine ganzen geliebten Briefe. Und – Deine so kostbaren Kriegstagebuchblätter!! Ach Kuddel! Dies und anderes lag zurecht, um auf der nächsten Fahrt hierher mitgenommen zu werden. Meine Geige! Meine 6000 Archivbilder, sämtliche Kontakte von sieben Jahren! Meine Arbeit von diesem Jahr. Unsere Hochzeitsnegative, unsere Negative von der Hochzeitsreise, und die sollten Dein Weihnachtsgeschenk sein. Bildschön bereit! Alles hin! Alle Bücher, Bilder, Andenken, Briefe und Tausenderlei. Mein Radio, Grammophon und Platten, die schöne Lampe, ach alles, alles, woran mein Herz hing.

Schrieb ich Dir nichtsahnend aus Naumburg, daß Deine Liebe wie ein strahlender Stern leuchtet und am meisten, wenn es tiefste Nacht ist? So ist es, ganz so, und es ist das einzige Licht, nach dem sich mein Leben richtet.

Ach Kuddel, sind wir erst zwei Monate verheiratet? Du! Wenn Du bei mir sein könntest! Paß auf, auf mein einziges Licht!

Ich sehne mich grenzenlos nach Dir! Kannst Du nicht ebenso gut zu mir, Deiner ausgebombten Frau, kommen! Was für Zeiten gehen wir nun entgegen!

Leb wohl! Du! Mein Kuddel, auch Kuddel! Schreibe!!

Dein kleines Liloken

Morgen ist erster Advent. Ich bin noch nie mit solcher Sorge um einen lieben Menschen in die Weihnachtszeit gegangen. Ich wünsche mir zu Weihnachten, daß es Euch gut geht. Was kann ich Dir zum Trost sagen? Daß ich dich wahnsinnig lieb habe und – trotz allem – fest davon überzeugt bin, daß wir noch sehr glücklich ZUSAMMEN leben werden?

Ich küsse Dich herzlich und innig, Dein getreuer Kuddel

3 »Jetzt gibt es nur noch Feste des Todes«

Töten und getötet werden – *das* ist der Krieg. Die Menschen,
die damals diese Handlungen begingen, entdeckten in ihnen nichts
Verbrecherisches.

Tolstoi, »Krieg und Frieden«

Orgelmann!

Dein letzter Brief, der mich erreichte, war vom 14. November. Daß ich auch im Erhalten Deiner Briefe schlecht bestellt bin, gefällt mir absolut nicht. Jetzt gehen sie erst alle nach Berlin und dort ist's mit der Post zur Zeit schlecht bestellt.

Kuddel, wo bist Du, wie geht es Dir? – Und sorgen tust Du Dich! Gestern könnte Dich der Luftpostbrief vielleicht schon erreicht haben, um Dich aus aller Bängnis zu befreien.

Meine Feder ist etwas matt. Es will nicht so recht von der Hand gehen, doch mußt Du von uns wissen.

Höre! Die Eltern sind hier in Dein Zimmer »Kiefer« gezogen, weil eine Zentralheizung darin vorhanden ist, die mehrere Stunden am Tage funktioniert.

Auch ist es sehr gemütlich. Ein zweites Bett steht an der Längswand. Hintereinander. Am Fenster stehen eine Couch, Tisch, Hocker, zwei Sessel.

Nun, es wird Dir noch gegenwärtig sein! Es ist ein sehr schönes Zimmer und durch seine rechtwinklige Form war es auch wohnlich, häuslich umzustellen.

So haben wir einen Raum bekommen, in dem wir uns heimisch fühlen können, in dem wir unter uns sein und eine Familie bilden können. Die macht uns glücklich! Und der schöne Blick hinaus in den Park, in die ruhige, ernste Natur, gibt uns Sammlung und Kraft.

Dein Liloken steht von Fenster zu Fenster und sieht in die herbstlich winterlichen Bäume. Sie stehen unberührt vom Krieg. Sie haben etwas Ewiges!

Abends, im Bett, hält eine klamme Hand den unsterblichen Goethe. Alles hat dieser große Mensch gefühlt, gelitten, und immer wußte er sich über das Vergängliche empor zu schwingen.

Mein Kuddel! Gestern radelte ich nach Osterburg, um Weihnachtspäckchen an der Post selbst abzuliefern.

Ein sehr bescheidenes Weihnachtspäckchen, in dem nicht viel mehr darin ist, als unsere Zuneigung und meine Liebe zu Dir.

Osterburg ist jetzt ein trostloses Nest, und ein Gefühl von Glück kam mich an, daß wir auf Schloß Krumke wohnen können.

Krumke mit seiner Musik, seiner herrlichen Bibliothek! Hier »haust« man nicht, hier ist alles KULTUR!

Und wieder sind wir reicher und begnadeter als Tausende von Menschen, die zusammengepfercht leben, aber auch nur eben leben.

Gestern abend war Besuch – Gäste! Es gab Ente!

Wir alle waren tadellos umgekleidet.

Ein festlicher Tisch mit Silber und Gläsern.

Es gab Wein!

Und es gab nach Tisch – Mozart!

Und es gab eines der bezauberndsten Trios, die nur ein Mozart schreiben konnte.

Sind wir nicht glücklich zu nennen?

Dies Krumke wird mir auch bleiben, wenn ich in Osterburg eine primitive Unterkunft finden werde, um meine Arbeit von vorne anzufangen. Hier habe ich eine Bleibe, in der etwas von dem Leben ist, das wir zu leben erstreben!

Und noch ein anderes Glück wurde mir zuteil!

Wir haben ja die Bücherkiste von meiner Tante aus Stuttgart! (Wie mag es der nun nach dem Angriff gehen!)

Ich habe ausgepackt: 26 Bände! Goethe, Schiller, Herder, Hebbel, Eichendorff, Hauff und Reuter.

Ich bin sehr glücklich über diesen Besitz! Und schöne Bände, handlich und in rotem Ganzleinen!

Mein Kuddel! So manche Stunden sind bitter hart, aber hundertmal gäben wir alles, wenn unser Heinz wiederkäme, und so soll alles gut sein, wenn unser die Zukunft ist!

Nimm mich in Deine lieben Arme! Kuddel! Du!

Rußland, Feldpostnummer 26444, 2. Dezember 1943

Mein liebes Frauken,

allmählich kommen die ersten Nachrichten aus Berlin. Urlauber bringen sie mit. Zunächst Gerüchte! Zeughaus, Reichskanzlei, Bahnhof Zoo, Potsdamer Bahnhof, Schlesischer Bahnhof! Ich spreche einen Hauptmann, der die beiden ersten Angriffe auf Berlin erlebt hat. Nollendorfplatz, jawohl, auch die Martin-Luther-Straße hat was abbekommen.

Liebes, Liebes, wie geht es Dir? Und den Eltern? Post? Nein, heute nicht, auch nicht morgen. Vielleicht übermorgen! Mir schmeckt das Essen nicht mehr. Immer muß ich an Dich denken. Wenn Du in Not wärst, und ich Dir nicht helfen könnte! Nein, es darf nicht sein! Ich tröste mich mit unserem guten Stern, der uns noch nie verlassen hat.

Rußland, Feldpostnummer 26444, 3. Dezember 1943

Mein liebes Liloken!

Wenn doch nur Nachricht von Dir käme! Heute wieder die Meldung von einem neuen Angriff auf Berlin! Du mußt aus der Stadt heraus, mein Frauken, sonst habe ich hier keine ruhige Minute mehr! Schreibe bitte sofort!

Tausend liebe Küsse von Deinem Kuddel

Rußland, Feldpostnummer 26444, 4. Dezember 1943

Mein liebes Liloken!

Gestern abend habe ich noch mit einem Front-Heimat-Telegramm bei Deinem Onkel in Krumke nachgefragt, ob dort Nachricht von Euch vorliegt. Dabei hoffe ich stark, daß Ihr alle wohlbehalten dort angekommen seid. Die Postverhältnisse sind hier immer noch so schlecht, daß ein Antworttelegramm vielleicht mit der ersten Briefpost von den Angriffen zusammenfallen kann …

Ich hatte den Satz noch nicht zu Ende, als mir fernmündlich mitgeteilt wurde, daß heute und morgen die restliche, noch (in der Etappe) lagernde Post herankommt, und wir dann übermorgen auf dem laufenden sein können – wenn das Frostwetter anhält.

Dieser Zustand des langen Wartens ist entsetzlich! Ausgerechnet muß dieses Warten in eine Zeit fallen, in der bei uns kampfmäßig gar nichts los ist, sonst hätte ich genug um die Ohren, um nicht dauernd zu grübeln.

Heute nacht bin ich aufgewacht und habe wieder unentwegt an Dich gedacht. Es ist nicht immer leicht, sich mit unserem guten Stern zu trösten, wenn man Dich so in Gefahr vermuten muß; aber noch schwerer ist es, sich vorzustellen, daß er vielleicht nicht über Dich wachen könnte. Das kann nicht sein!

Tschüß, mein Liebes! Und einen lieben Kuß von Deinem Kuddel

Krumke, 7. Dezember 1943

Mein Kuddel!

Heute ist Mittwoch und der Geburtstag von Onkel Karl Klingler. Wie ich Dich kenne, hast Du schon selbst vor, den Klinglers zu Weihnachten zu schreiben. Ich möchte also nur noch sagen, daß sie sich sehr darüber freuen werden. Du weißt, sie sind vom öffentlichen Leben auf ein Nebengleis geschoben worden. Die schweren Stimmungen, denen Onkel Karl öfters – nein, nicht öfters, aber doch hin und wieder erliegt, sind nur zu gut zu verstehen. Wenn man bedenkt, daß er die Welt bereist hat und sie ihm berauscht und entzückt zu Füßen lag, und er immer noch fähig ist, Millionen bedrückter Menschen mit seiner Musik aus Not und Leid zu erheben – ja, kann man da nicht die kleingeistigen, mißgünstigen Menschen an den Schultern packen und schütteln, daß sie zur Besinnung kommen? Es gibt in Deutschland kein namhaftes Streichquartett mehr, seit die Klinglers aus dem Konzertleben verschwinden mußten. Welch eine Aufgabe könnten sie haben, und wie dankbar wären die Menschen.

In Berlin gehen wieder alle Bahnhöfe, S-Bahnen und U-Bahnen. Eine Meisterleistung!

An Toten nimmt man nur 4000 an. NUR! Leicht konnten wir dazu gehört haben.

Mein Kuddel!

Der Park in Krumke ist einzig schön. Heute voller zartem Rauhreif. Ich trottete einsam über kristallene Märchenwiesen, auf denen Feen mit wogendem Schleier tanzten. Ich ging leise unter den hohen, ehrwürdigen Bäumen und knisternd und raschelnd durch den nahen Wald, in dem noch viel braunes Laub liegt.

Die Natur – ein einziges Schöpfungswunder! Mit Kampf – auch! Aber nicht mit Infamie und Niedertracht. Diese blieben allein dem Menschen vorbehalten!

Später möchte ich ein Buch herausgeben: »Der Park von Krumke«. Wie findest Du den Gedanken?

Und nun neige Dich zu Deinem Frauken, – sie möchte Dich von Herzen küssen!

Dein Liloken

Rußland, Feldpostnummer 26444, 7. Dezember 1943

Mein liebes Liloken!

Das Feldpostamt am Schlesischen Bahnhof soll zerstört sein. Vielleicht kommt deshalb keine Nachricht zu mir durch. Ich vertröste mich von einem Tag auf den anderen. So schwer wie in den letzten zwei Wochen war es noch nie in diesem Krieg! Furchtbar, Dich in Gefahr zu wissen und nichts tun zu können als warten – warten –

WARTEN! Sei tapfer, mein Liloken, unser Stern verläßt uns nicht. Ich glaube an ihn, trotz allem, was sich ereignet haben mag!

Ich hab Dich lieb,

Dein Kuddel

Krumke, 8. Dezember 1943

Mein geliebter Kuddel!

Die Wiener schreibt, daß ihr kleines Mädchen gestorben ist. Sicherlich konnte das Kind nicht richtig gepflegt werden. Zypries hat auch ein Kind verloren durch Lungenentzündung im Luftschutzkeller. Unser Papa Schelle, aus unserem gewesenen Haus in Berlin, ist an seinen

Brandwunden gestorben. Der Arzt Dr. Fink – auf unserer Etage wohnend – liegt schwerkrank. Der Freund meiner Eltern, Eduard Birlo, liegt im Sterben. Von der Schwester meiner Mutter, der Tante Juliane in Stuttgart, keine Nachricht. Die andere Schwester, Tante Guste, liegt im Sterben in Schlesien. Mein Gott, es ist zuviel. Ich beneide Dich glühend um Deine Frontkameradschaft, um Dein Tätigsein. Hier ist fast keine Luft mehr zum Atmen. Ich kann nichts mehr schreiben. Meine Sehnsucht nach Dir ist voller Schmerz.

Dein schwer geschlagenes Liloken

Krumke, 9. Dezember 1943

Ich soll nicht sagen, daß ich »unglücklich« bin – so sage ich nur: hundetraurig, das aber in vollkommenem Maße.

Nicht denken, nur nicht denken!

Depressionen überfallen mich! Es ist ganz der WINTER, wie er mir ahnend erschien. Sei nicht böse, aber ich kann nichts mehr schreiben, was sollte das auch sein! Es würde GEFÄHRLICH sein!

Nimm mich in Deine Arme! Ich liebe Dich!

Liselotte

Rußland, Feldpostnummer 26444, 10. Dezember 1943

Mein geliebtes Liloken!
Ein Brief von Dir! vom 26. November! aus Krumke! Du lebst!! Mein Liebes, zum ersten Male seit drei Wochen kann ich wieder frei atmen!

Ich bekam Deinen Brief. Erster Blick auf das Datum, der zweite auf den Absendeort! Ein tiefer, dankbarer Gedanke an unseren »Stern«. Dann schnell die ersten Seiten überflogen: mit den Eltern in Krumke! Ich war von Herzen froh. DER Augenblick, auf den ich so bange Wochen gewartet haben – er war da!

Uns beide trifft es nicht so hart. Dein Archiv, die Arbeit vieler Jahre – Du wirst ein neues schaffen! Meine Briefe – ich schreibe Dir neue, soviel Du willst! Unsere Hochzeitsbilder – wir haben Abzüge genug. Unsere Hochzeitsreise in Bildern – wir werden eine neue, noch schönere machen. Haben wir doch allen Grund dazu, wo Du mir zum zweiten Male geschenkt worden bist.

Bücher, Bilder, Radio, Lampe – alles ist zu ersetzen und wird ersetzt durch uns zwei. Wir fangen ja erst an!

Mein lieber Kuddel-Mann!

Hier in Wien sein zu dürfen, ist ein Geschenk. Überall ist es warm, und überall ist alles – ganz! Keine Trümmer, keine Ruinen, keine ständige Bombenbedrohung. Kein Krachen der Einschläge, kein Brennen und Einstürzen der Häuser. Keine erbarmungslose Not – kein Tod.

Kuddel, die das mitgemacht haben, sind durch eine Hölle gegangen. Die Menschen stehen und sehen schweigend ihr Heim verbrennen. Mein Kuddel! Die, die es erlebt haben, die haben einen Knacks!

Manchmal hoffe ich nur zu träumen; ja, hier in Wien bestimmt. Man ist ein Blatt, losgerissen vom Baum, durch die Welt und das Leben wirbelnd, wie es das Schicksal will. Nicht wehren! Wirbeln lassen! Was ist das Blatt schon, daß es Schmerzen haben will? Nur keinen Widerstand. In dem Bewußtsein der Bedeutungslosigkeit dieses Blattes, in diesem Nichts ist eine Erlösung!

Jeden Abend gehen wir aus. Wir sind kulturhungrig und auch sonst hungrig! Wir haben keine Karten, aber wir bekamen welche, obwohl alles ausverkauft ist. Wir gehen einfach hin – so heute ins BURGTHEATER. Ein Soldat gab genau vor unseren Nasen zwei Karten zurück. Es mußte wohl so sein. Und so gestern und so vorgestern. Heute gab es Hauptmanns »IPHIGENIE IN AULIS«. Dieser ewige WAHN, der über der Menschheit seit Jahrtausenden hängt. Und immer Vernichtung und immer Zerstörung und keine Antwort auf die Frage: WOZU?

Immer hat man Gründe zur Hand gehabt, aber waren es GRÜNDE? Stand der Gewinn jemals im Verhältnis zu den Opfern? Die Menschen sind von einem Wahn befallen, und sie ruhen nicht und ruhen nicht, bis sie sich selbst zerfleischt haben.

Mein geliebter Mann!

Mein geliebter Mann! Wunderbar klingt es, und herrlich ist es! Vorhin, auf dem kalten Bahnsteig, umgeben von dem kriegerischen Trümmerhaufen einer leider deutschen Stadt, hatte ich Dich ganz besonders lieb. Und ich habe in die Sterne über den ausgebrannten Häusern gelobt, allen Mut und alle Kräfte zu raffen, nicht weich zu werden, zu ertragen, was ertragen werden muß, wenn, wenn nur Du mir zur Seite bleibst.

Daß nur DIR nichts geschieht!

Die Zeit ist randvoll gefüllt mit Schmerzen und Not, und wenn ich die Eltern ansehe, an unsere gefallenen Jungen denke und an all das, was diese grauenvolle Zeit uns auferlegt – das tut, außer aller inneren Bedrängnis, direkt noch körperlich weh.

Daß DU wieder fort mußt! Jetzt siehst Du es ja nicht, so macht es auch nichts, daß ein bißchen die Augen feucht werden. Aber sorge nicht um den Abschied, ich werde mir alle Mühe geben, und Du sollst mit Deinem Liloken zufrieden sein. Vorerst, und wie herrlich, werden wir uns in drei Stunden wiederhaben! Ich sehne mich schon sooo nach Dir. Und nun kann der Zug kommen.

Dein Liloken

Krumke, 17. Januar 1944

Vor 24 Stunden nahmen wir wieder einmal Abschied. Mein Kuddel! Ich liebe Dich! Der Liebe kann nie genug sein! Und gibt es etwas Schöneres, als von Deinen Armen stark und innig umschlossen zu werden?

Und dann Deine Stimme, wenn sie weich ist, voll Zärtlichkeit. Und Dein Mund – nicht zu vergessen, männlich, klug und manches Mal hinreißend sehnsüchtig. Vielleicht ist das nicht der richtige Ausdruck. Aber hinreißend für bestimmt jede Frau, und wie erst für DEINE! Dein Frauken!

Mit Dir zusammen leben, nicht mehr getrennt! Das hab ich satt – ich mag nicht mehr, ich mag absolut nicht mehr!

Jetzt rollst Du gen Rositten. In einem Eckchen sitzend, ein Pfeifchen im Mund und mit den Gedanken weit fort – bei mir?

Krumke, 21. Januar 1944

Der spärliche Füllfederhalter ohne Füll scheint außer der Füll-Losigkeit eine Federspaltung zu haben. Er gebärdet sich einem fünften Kriegsjahr voll und ganz entsprechend. Sollte es aller männlichen Bemühungen zum Trotz dennoch einmal Frieden geben – Frieden und kein erneutes Atemholen, soll dies Federbiest in die Biese gehen.

Sagte ich schon – nein, ich sagte noch nicht, ich war bei Frau Bastian im Rathaus. Ich laß nicht locker. Für uns besteht alle Hoffnung auf die zwei Leerzimmer im Neubau beim Maurermeister. Sogar WC ist dabei. Sie murmelte etwas von vorhandenem Bad! Dies will ich aber vorläufig noch nicht verstanden haben. Ich bekam auch den Brief des Bürgermeisters zu lesen, worin wir als »sehr ordentliche Leute« bezeichnet wurden!!! »Der Ehemann ist Offizier und nur hin und wieder auf Urlaub« – wie günstig!

Wohnung, Fotolabor und Bahnhof
in Osterburg (1944/45)

Es sonntagt. Vor acht Tagen konnten wir uns noch leibhaftig fühlen. DU! Du bist so in mir und um mich, daß ich Dich ernstlich bitten muß, ja auf Dich aufzupassen. Du bist immerfort hier bei mir, und wir klönen soviel zusammen, daß es leicht sein kann, daß Dein zweites Ich nicht aufmerksam genug ist für die Dinge und das Geschehen um Dich herum.

Ich mag Dir gar keine »Tatsachenberichte« schreiben, möchte Dir nur von morgens bis abends sagen, daß ich Dich liebhabe, so lieb, daß, daß, daß ich Dir »eine Kachel aus meinem Ofen schenken könnte«!

Gesagt werden muß jedoch, daß das erwartete Heim von uns in der Gartenstraße sein würde. Das ist eine kleine Straße, rechts ab von der kurzen Allee, wenn man vom Bahnhof rechts nach Krumke will. Es soll das letzte Haus in der Straße sein, die ungepflastert ist und gleich – beim Friedhof.

Mein liebes Frauken!

Hier ist man, trotz aller Ereignisse, sehr optimistisch. Der Glaube an die »VERGELTUNG« ist auch bei uns unerschütterlich. Irgend jemand (»der es wissen muß«) hat gesagt: »Anfang Februar!« Ob wohl? Wie wohl? Na, ich mein man bloß.

Ein inniger Kuß von Deinem Kuddel

Krumke, 28. Januar 1944

Mein Kuddel!

Dein Weihnachtspäckchen ist HEUTE eingetroffen, und damit ist es nochmals Weihnachten geworden.

Draußen stehen zwar schon die ersten Schneeglöckchen, und die Weidenbäume zeigen Tröttelchen – aber es ist Weihnachten.

Mit Andacht packte ich aus: die vielen Bonbönner! Zigaretten, die der Vater mir mehr und mehr wegraucht! Schöne Kerzen, die noch manche gute Stunde beleuchten müssen. Knackiges Knäckebrot! Und eine GANZE Tafel Schokolade – in Silberpapier gehüllt! Eine Rippe davon habe ich schon mit geschlossenen Augen in mich hineingegessen. Ein Genuß, sage ich Dir!

Im Radio hören wir von Massenanstürmen der Russen, denen wir kaum Halt zu bieten wissen. Neue schwere Terrorangriffe auf Berlin. Ich bin froh, daß wir raus sind. Es wäre schwerlich ertragbar. Hier sind wir nach menschlichem Ermessen geborgen, und ich bin zu jeder Stunde für dieses Geborgensein dankbar.

Mein Du! Ich sitze unter einem großen weiten Himmel, weit vom Anblick grausiger Trümmer, weit von jeder nächtlichen Angst vor Not und Tod und komme mir beneidenswert glücklich vor. Darf in Ruhe arbeiten. Muß nicht mehr täglich meine Arbeiten gefährdet sehen, und vor allem muß ich nicht von Verschüttungen, brennenden und einstürzenden Häusern träumen. Und nicht nur träumen, brauche es wohl hoffentlich, hoffentlich nicht mehr zu erleben!

Mein Kuddel! Es bleibt die Sorge um Dich, um Dein Leben! Aber »unser Stern«! Oh ja, wir wollen noch schöne Zeiten gemeinsam erleben und – bitte, bitte bald!

Krumke, 1. Februar 1944

Mein lieber Kuddel!

In Berlin ist wieder allerhand los. Die VERGELTUNG! Wenn wir alle nicht ebenfalls »unerschütterlich« daran glaubten! Aber wieviele

Menschenleben, wieviele Trümmer, Schutt und Asche muß es bei uns noch geben?

Lilo

Stendal, 3. Februar 1944

Mein Kud!
Der Vater berichtet von einem toten Berlin. Was noch vorhanden ist an Menschen, arbeitet wie wild. Die Zerstörungen wären immer fürchterlicher und erstreckten sich nun auf endlose Flächen. Jetzt fangen »sie« tatsächlich wieder von vorne an. Lankwitz, Steglitz, Südende, Wilmersdorf und Schöneberg. Die Hauptstraßen nun total. Jetzt kommen die Feinradierungen. Die Menschen halten ungeschützt Unbeschreibliches aus. Mein Kud, ich bin müde, so müde und sehne mich recht in Deinen Arm. Dieser wahnsinnige Krieg! Man möchte so gerne von diesem Übel erlöst werden. Wenn doch alles nur ein schwarzer, schwarzer Traum wäre! Mein Kud! Warum, warum ist dieser ganze tolle Blödsinn? Als ob in der Welt nicht Platz und Lebensmöglichkeiten für alle wären.

Innsbruck, 6. Februar 1944

Mein geliebter Kuddelmann!
Mein Gott, wie sieht Berlin aus! Ich habe auf der ganzen Strecke von Spandau bis zum Anhalter Bahnhof kein einziges ganzes Haus mehr gesehen! Ein riesiger Trümmerhaufen, die stolze Reichshauptstadt. 65 Prozent soll die Zerstörung betragen – bis jetzt! Solche Massen an Zerstörungen zu sehen, stundenlang, ist ganz besonders erschütternd.

Und wo man geht und steht, überall ist jeder den Angriffen ausgesetzt. Bei einer langen Strecke, wie Berlin-München oder Berlin-Stuttgart – entweder erhascht die der Angriff im Norden oder im Süden.

In München mußten wir übernachten, weil der nächste Zug ausgefallen war, mit dem wir noch Anschluß nach Innsbruck gehabt hätten. Es sind so viele Wagen verbrannt, daß eine neue Zugeinschränkung erfolgen mußte. Dafür war unser Zug bereits drei Stunden so gefüllt, daß einer auf dem Fuß des anderen stand. Da wir so vorzeitig da waren, hatten wir das Glück, uns noch auf einen Platz quetschen zu können. Es war Raucherabteil, und ich mußte mit geschlossenen müden Augen sitzen, weil ich vor Kopfschmerzen durch Übernächtigung im Tabaksqualm nicht mehr aus den geröteten Augen sehen konnte.

Denke an mich, sei vorsichtig!

Mein Orgelmann!

In unserem Zimmer im »Hotel Post« ist eine solch traurige Funzel als Beleuchtung, daß man bei diesem trüben Schein weder lesen noch irgendeine Kleinigkeit nähen kann. Tee gibt's nicht! (Essens)-Marken nehmen sie von den Lebendigen! 30 Gramm Fett-Marken pro Tag sind unumgänglich, wenn man nicht zum »Stamm«-Essen greift, welches sich bekanntlich als ungenießbar erweist. Zu bemerken ist, daß wir 50 Gramm Fett-Marken (Margarine) für die ganze Woche haben. Hinzu kommt, daß ich ab kommender Woche auch noch ohne Butter dasitze, denn mein Aufbruch in Osterburg erfolgte so spontan, daß an einen Umtausch in Reisemarken nicht zu denken war. Und HUNGER gibt's hier an der frischen Luft.

Du, WENN Du kannst, so bitte verschaffe mir 100 Zigaretten zum besseren »Fortkommen« in der Möblierung unseres Heims!

Liebe Küsse – Dein Liloken

Inzwischen schlagen »sie« Braunschweig kaputt. Und das schöne Frankfurt am Main! Und Nikopol mit den reichen Manganerzlagern aufgegeben! Kinder, Kinder! Daß WIR verurteilt sind, dies alles mit offenen Augen sehen und ertragen zu müssen – es ist nicht zu fassen!

In Innsbruck haben »sie« NUR mit Sprengbomben gearbeitet, keine einzige Brandbombe fiel. Viele verschüttete Menschen, kaum eine Familie ohne Verlust. So werden die Wunden des Krieges immer tiefer. WANN wird sich das Schicksal zu unseren Gunsten wenden? Und manche sagen, alles Furchtbarste kommt erst noch!

Orgelmann!

Du, kannst Du mir nicht »Gelonida« schicken? Jetzt gibt es nicht mal mehr »Pyramidon«! Ob Du 100 Zigaretten wirst auftreiben können, ich möchte sie so gerne verwenden als Köder für Anschaffungen! Mein Kuddel! Momentan bin ich etwas ab. Ich bin letzthin so schnell abgespannt. Aber weißt Du, kaum einen Tag satt und mit so gut wie gar keinem Fett versorgt. Die Energien verbrennen schneller! Mein Kud, wüßte ich nur, wie es Dir geht!

Dein Frauken

Mein geliebtes Frauken!

Ich schreibe von unterwegs, noch immer in unserem Wohn-Güter-wagen. Manchmal stehen wir stundenlang auf freier Strecke. Aber das kann uns nicht stören. »Das geht alles vom Krieg ab«, pflegen wir zu sagen.

Wohin wird man uns legen? Zu einem Fronteinsatz sind wir zur Zeit nicht in der Lage.

Durch den Wechsel aus russischem ins baltische Gebiet ist uns der Unterschied noch einmal so recht zum Bewußtsein gekommen. Es ist wie Tag und Nacht. Saubere Bahnhöfe, saubere Ortschaften, Steinhäuser auf dieser Seite, verdreckte, unordentliche Gegenden mit düsteren, verwanzten Panjehütten auf der anderen Seite! Und keine Banden. Man braucht nicht immer mit einem Anschlag zu rechnen. Also ein erfreulicher Stellungswechsel.

Mein Geliebtes!

Ein himmelweiter Unterschied zwischen Rußland und den benachbarten baltischen Staaten. Saubere Häuser wohlhabender Bauern. Die Auswirkung auf die Truppe ist groß. Es darf nicht mehr rücksichtslos Quartier gemacht werden. Entnahme von Landesprodukten ist verboten. Für eine im jahrelangen Rußlandeinsatz befindliche Truppe ist diese Umstellung nicht ganz leicht. Eine ganz straffe Disziplin ist erforderlich.

Tausend innige Küße

Mein Kud!

Die Hillger hatte mir doch das ganze Skizeug geliehen – und keine acht Tage in den Schuhen, bricht mir die rechte Schuhsohle, wie eine trockene Erdkruste, querüber durch. Nun mißt sie mir, das ist eben so, insgeheim die Schuld zu. Die Schuhe waren ungepflegt und haben fünf Jahre gestanden! Jetzt gibt es kein Leder. Nun dachte ich an das leder-reiche Rußland.

Was, meinst Du, könntest Du mir raten? Hoffentlich ist nicht noch die Brandsohle durchgebrochen, dann ist mit dem ganzen Stiefel nichts mehr anzufangen! Ohje, ohje!

Ich lege die Größe der Sohle aus Papier mit ein, vielleicht gelingt es Dir, ein Stück Sohlenleder zu bekommen? Die Sache ist mir sehr unangenehm, obwohl ich bestimmt nichts dafür kann. Wenn Du helfen könntest, wäre es großartig.

Daß die Menschen sich so gnadenlos hassen! Die Menschen verdienen nicht zu leben!

Wozu bauen die Mütter immer wieder auf, indem sie Kinder gebären, gebären, gebären?!

Ginge es nach den ewig kämpfenden und zerstörenden Männern, gäbe es auf der Welt keinen Hauch des Lebens mehr!

Mein Kud, die Zeit zu bedenken ist ergebnislos, wenn man nach einem Sinn und Ziel dieses allgemeinen Tobens sucht. Wohin wir alle treiben, wer weiß es? Wir schwimmen alle!

Baltikum, Feldpostnummer 26444, 29. Februar 1944

Mein Geliebtes!

Zigaretten sind unterwegs. Außerdem habe ich schon wieder ein Päckchen gepackt. Wir kriegen auf Grund des letzten Einsatzes erhöhte Marketenderware. Dabei gehen die Zigaretten in die Hunderte.

Mit Sorge und Betrübnis habe ich gelesen, daß Du so knapp zu essen hast. Bitte, bitte, überanstrenge Dich nicht!!!

Mein Schatz, es ist ein Uhr früh, höchste Zeit fürs Bett also. Küßchen!

Dein Kuddel

Nr. 42. Im Felde, am 1. März 1944

Mein geliebtes Liloken!

Eben setze ich mich daran, Dir zu schreiben, da erklingt im Nebenzimmer, dem Zimmer meiner estnischen Wirtsleute, – ganz leise auf der Mundharmonika gespielt – »Wo die Nordseewellen …« Ich habe Dir sicherlich erzählt, daß der Text zu diesem Liedchen ursprünglich »Wo die Ostseewellen …« heißt, und den Strand von Zingst besingt, denn er stammt von einer Schulfreundin meiner Mutter. Dieses Liedchen, das für mich also eine Erinnerung an Zingst ist, hier zu hören, hat mich mehr als nur gefreut. Es ist so recht geeignet, die richtige Stimmung für einen langen Brief an Dich hervorzuzaubern, eine leicht an Heimweh grenzende, sehnsüchtige Stimmung. Ich möchte bei Dir sein. Mit Dir die Vorbereitungen für unser bescheidenes Heim treffen.

Mit einem Unteroffizier, der zur Waffenschule fährt, habe ich Dir ein Päckchen geschickt. Einige Zigaretten, ein klein wenig Sprit und einige Kleinigkeiten sind darin. Verschiedene kleine Päckchen mit Büchern werden an Dich abgehen – unter dem Motto: Gepäckerleichterung. Wir sind zur Zeit ein ganz armes Regiment. Unsere Batterien haben alles verloren, Geschütze gesprengt, Pferde totgeschossen, Fahrzeuge stehengelassen, nachdem sie unbrauchbar gemacht worden sind, und nur das nackte Leben gerettet.

Stendal, 2. März 1944 −1.20 Uhr früh

Kud!
STENDAL ist wieder dran mit seinem geliebten Wartesaal! Je nun, die Nacht geht auch vorüber.

Ich schrieb schon Deiner Mutter von hier und zählte die Bilder der WISSENSCHAFTLERINNEN aus Wien durch. Zwei Serien zu je 107 Fotos − und sehr schön. Ein Jammer, daß Du sie nicht sehen kannst. Die Eltern waren von den Aufnahmen sehr angetan und meinten, sie wären besser denn je!

Paula Hertwig, geboren 1889, Dozentin für Vererbungslehre, nach dem Krieg Professorin mit Lehrauftrag in Halle (Saale)

Während die deutschen Männer an den Fronten Europas sinnlos ihr Leben verloren, sorgten Frauen dafür, daß das Leben weiterging. Liselotte Orgel-Purper fotografierte zum Beispiel Wissenschaftlerinnen bei ihrer Arbeit.

Katharina Heinroth, geboren 1897, Zoologin, nach dem Krieg Direktorin des Zoologischen Gartens Berlin

Doris Schachner-Korn, geboren 1904, Geologin, nach dem Krieg einziger weiblicher Ordinarius für Mineralogie und Lagerstättenlehre in Deutschland

Rechte Seite

Elise Hofmann, geboren 1889, Paläobotanikerin, nach dem Krieg außerordentliche Professorin an der Universität Wien (oben links)

Franziska Seidl, geboren 1892, Physikerin, von 1923 bis 1963 am I. Physikalischen Institut in Wien tätig, zuletzt außerordentliche Professorin (oben rechts)

Bertha Karlik, geboren 1904, Physikerin, nach dem Krieg Direktorin des Instituts für Radiumforschung der Österreichischen Akademie der Wissenschaften (unten links)

Ida Noddack-Tacke, geboren 1896, Chemikerin, entdeckte zusammen mit ihrem Ehemann die Elemente Rhenium und Masurium

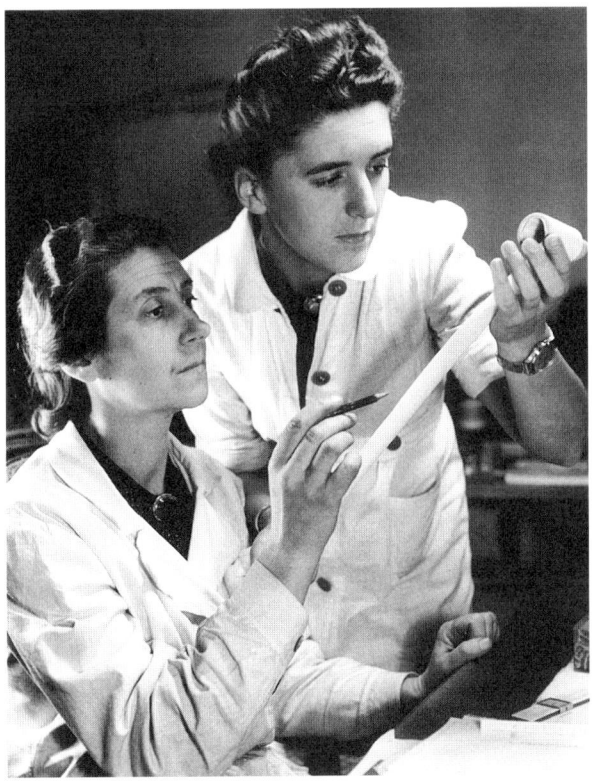

Der Bilderdienst TSCHIRA möchte mich als Mitarbeiterin. Er macht Pressevertrieb für Illustrierte, hauptsächlich jedoch Auslandspresse. Es wird auf ihre Bedingungen ankommen, die die Bilderdienste allgemein haben. Wenn sie mir zusagen, wäre die Sache gar nicht schlecht, weil die Presseverbindungen zur Zeit so zerrissen sind.

Du bist ja ein hervorragender Briefleser. Auch nicht die kleinste Nuance entgeht Dir! Kein Federhalterkauen, kein Zögern, keine andere Sinnunterlegung und nichts, was ich auch nur zwischen den Zeilen gedacht und empfunden habe. Gefährlich für mich, aber es freut mich sehr, daß Du Dich so mit mir befaßt und jedem Gedanken von mir nachspürst.

Mein Du! Und wieder: Ich liebe Dich!

Dein Frauken-Liloken

Krumke, 3. März 1944

Mein lieber Mann!

Heute fuhr ich im Schneeregen durch unsere Gartenstraße, an unserem Heim vorbei. Um diese Straße schön zu finden, muß man vorher in Berlin gewesen sein! Unsere Aussicht geht auf einen Bretterzaun, und in der Straße stehen außer drei Neubauhäusern nur Scheunen und Schuppen, deren Verschrottungszeit schon überschritten ist.

Hinter dem Haus – dezent, das muß man sagen – der Friedhof. Eingang gleich neben unserem Haus. Es dürfte uns keine Leiche entgehen!

Hundert Meter hinter dem Haus die Eisenbahnstrecke Osterburg-Wittenberge. Zehn Minuten zum Bahnhof. Vielleicht entsinnst Du Dich an das schwache Kriegerdenkmal. Dieses mißglückte Etwas steht am Beginn unserer Straße.

Armes Deutschland! Wir sind doch noch Jahrzehnte geschlagen, auch WENN wir siegen. Wernigerode angegriffen! Viele Tote! Kunststück, mit Evakuierten vollgestopft! Gotha angegriffen! Dörfer vernichtet! Augsburg: von 180 000 Einwohnern 140 000 obdachlos.

Das bildschöne Stuttgart.

Ach, ich habe eine solche Wut mit hellen Tränen. Unsere schöne deutsche Heimat wird ein verarmter Trümmerhaufen.

Prag, 7. März 1944

Mein geliebter Gemahl!

Wenn doch nur der schauderhafteste aller Kriege endlich zu unserem Besten ausginge! Zu Ende – endlich zu Ende!

Prag (1944)

Dann haben wir noch immer Jahrzehnte mit den Folgen zu tun! Herrgott, wir wollen doch auch mal leben. LEBEN!

Jetzt gibt es nur noch Feste des Todes. Werden wir zu den Überlebenden gehören?

Jetzt auch erster Bombenangriff auf Berlin am TAGE!

Ich kann bald reisen, wohin ich will, überall kann ich in einen Angriff hineinprasseln. Und auch Du, immer in Gefahr! Nein, nein, ich bin so voller Zuversicht auf ein gemeinsames Leben mit Dir, wenn ich mir auch manchmal sage, daß es andere ebenso waren – und dennoch! Aber nein – nein!

Mein Kuddel, Du! Ich möchte so gerne zärtlich zu Dir sein, und WIE gerne ließe ich mich von Dir küssen! Mir ist's so überaus sehnsüchtig zumute. Wenn Du jetzt in das Zimmer treten würdest, ich spränge mit hellem Jubel in Deine Arme, und, und es könnte Nacht und wieder Morgen werden, ehe wir uns wieder in der scheußlichen Wirklichkeit zurechtfänden. Ich liege hier im Bett und schaue an die Decke.

Untätig, verträumt, denke und ersehne Liebe, heiße, überflutende
Liebe. Es brauchte von mir nichts mehr übrig zu bleiben.

Mein Kuddel! Sieht es nicht so aus, als ob ich Dich liebte? Wenn
Du magst, küsse ich Dich!

Dein Frauken

Prag, 10. März 1944

Geliebter!

Weißt Du, daß heute ein historisches Datum ist? Ab heute sind wir Besitzer eines Eigenheims, wenn auch nur zweier LEER-Zimmer. Meine Gedanken gehen unaufhörlich um unsere Heimstatt, und wie urgemütlich sie werden soll. Ein Asyl für uns in allem Kriegslärm. Das Eisenbett ist von Zingst abgegangen. Ein betörendes Nachttischlämpchen steht hier zum Mitnehmen bereit. In Berlin Beziehungen aufgenommen nach Geschirr, nach einem Schrank, na und so weiter. Da ist jedenfalls noch nichts!

Prag, 11. März 1944

Hada entdeckte aus der Straßenbahn heraus gestern ein Geschäft, das wir heute aufsuchten. Resultat: zwei neue Vasen! Außer den wohnlichen Schönheitsschnörkeln habe ich auch anderes erstanden, so Nägel, Zollstock, Schraubenzieher, Einmachgläser, Kartoffelreibe, Quirl, einen angeblich feuerfesten Porzellantiegel, ein halbes Dutzend Holzbrettchen und – einen Büchsenöffner. Ist das nichts? Das aber alles nach Osterburg! Über Naumburg, mit unzähligem Umsteigen, eventuell bei Alarm. Nicht dran denken! Erst freue ich mich mal!

Baltikum, Feldpostnummer 26444, 14. März 1944

Mein Liloken!

Wir gehen ruhigeren Tagen entgegen. Das zunehmende Tauwetter macht größere Kampfhandlungen auf beiden Seiten unmöglich.

Ich ärgere mich gewaltig, daß unsere kümmerlichen Möbelstücke aus Hamburg nicht herankommen. Sonst sagen sie doch alle: »Ja selbstverständlich, für Sie als Frontkämpfer.« Aber wenn der »Frontkämpfer« ihnen aus den Augen und wieder dort ist, wo er hingehört, dann denkt kein Mensch mehr daran, ihm seine Wünsche zu erfüllen.

Baltikum, Feldpostnummer 26444, 15. März 1944

Oh weh, mein Liebes!

Leder für Stiefelsohlen! Ganz knapp so etwas! Aber ich bleibe bemüht. Du hast recht, mein Frauken, viele Wünsche kann ich nicht mehr erfüllen. Die Schmiede, die die Leuchter machen sollte, ist beim Iwan. Der Kamerad, der Deinen Stempel machen sollte, ist schwer verwundet. Nur Zigaretten habe ich Dir geschickt. »Gelonida« will ich versuchen, Dir noch zu besorgen. Viel wird es nicht werden können, weil auch unsere Arzneivorräte verlorengegangen sind. Mein nächster Urlaub, mein Geliebtes? Ich freue mich riesig darauf, werde aber noch lange Zeit haben, mich darauf zu freuen.

Baltikum, Feldpostnummer 26444, 18. März 1944

Mein geliebtes Frauken!

Heute habe ich den ganzen Tag unseren Ritterkreuzträger Wilhelm Wagner zu Besuch gehabt. Man habe gar nichts von der Auszeichnung, weil man sie nicht selbst sehe, sagt er, und hängt sich das Kreuz an einem Gummiband um den Hals. Zieht es vor, um es anzusehen und läßt es zurückschnellen! »Wir haben das Ritterkreuz! Wilhelm« telegraphiert er an seine Frau. Wenn er wüßte, daß wir außerdem für ihn noch das Deutsche Kreuz in Gold beantragt haben! 25 Ritterkreuze, 2 Eichenlaubträger und 79 Deutsche Kreuze haben wir jetzt in der Division, davon 2 Ritterkreuze und 7 Deutsche Kreuze in unserem Regiment! Leider weilen sie nicht alle mehr unter den Lebenden. So nun habe ich Dir erzählt, was bei uns zur Zeit Thema 1 ist.

Dein Kuddel

Hamburg, 31. März 1944

Mein geliebter Kud!

Hier in Hamburg kommt mir so richtig das Verheiratetsein zu Bewußtsein. Immerfort ist von meinem »Gatten« die Rede. Unterwegs, auf den sonstigen Fahrten, fragt kaum jemand nach meinem Mann, wenn ich nicht von Dir berichte. Vielleicht haben die meisten schlechte Erfahrungen und fragen lieber nicht!

Mein Kud, Du fehlst mir sehr! Die ganze »schöne Zeit der jungen Liebe!« Da geht sie dahin! Jeder für sich! Dieser blödsinnige Krieg! Na, es ist unabänderlich – leider, leider!

Kommen wir heil heraus, dann … mehr kann man nicht wünschen.

Krumke, 11. April 1944

Der Vater war heute in Berlin zu einer Strafsache. Er hat kein Wort verstanden! Nun will er keine Strafsachen mehr übernehmen.

Die Schulpforta-Aufnahmen schickte ich zur Anstalt. Sie wurden:

»Fast ausnahmslos ausgezeichnet« befunden. Ergebnis: Bestellung von 400 Bildern!

Der Reichsarbeitsdienst: 400 Fotos dringend!

»Berlin, Rom, Tokio« bringt die Wissenschaftlerinnen! Die Zeitschrift fragt, ob ich für sie einen Auftrag übernehmen kann. Kinder, Kinder, wenn das Arbeiten nur nicht so beschwerlich wäre, ich könnte jetzt eine Kanone werden!

Unentwegt werden immer wieder neue Generationen für den tödlichen Kampf auf Europas Schlachtfeldern vorbereitet: Nationalsozialistische Erziehungsanstalt (NAPOLA) Schulpforta bei Naumburg (1944)

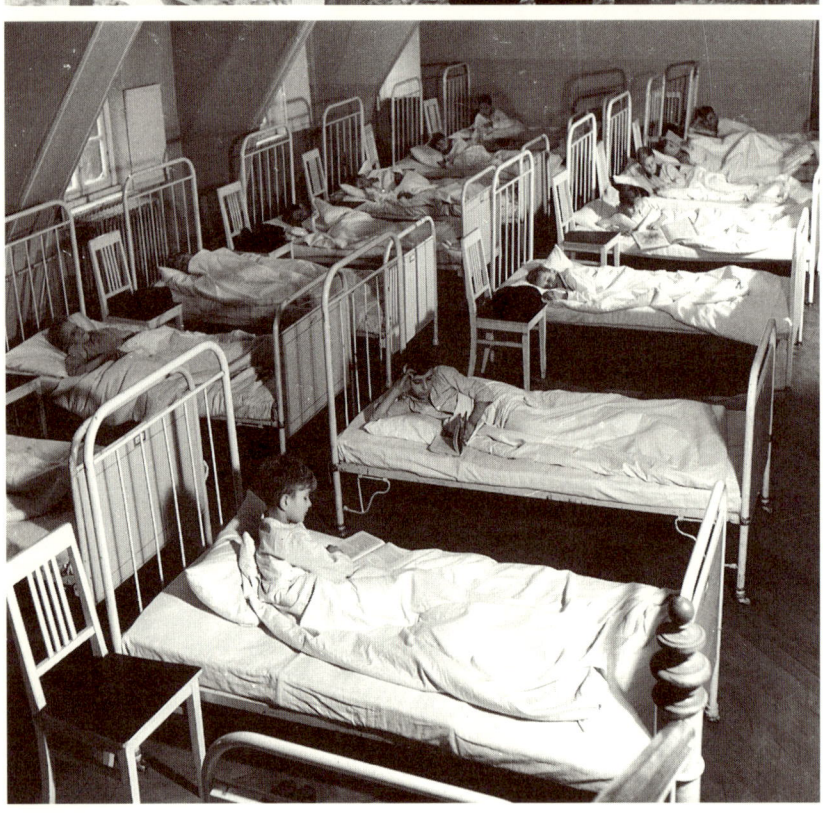

Die Reichsfrauenführung beabsichtigt eine Ausstellung im September d.J.: »Die deutsche Frau als Lichtbildnerin und Bildberichterstatterin.« Von mir soll u.a. ein Großfoto hängen, mich darstellen bei der Arbeit!!

Jetzt heißt es an die mühsame Arbeit herangehen und Bestaufnahmen auszusuchen!

Es ist zu tun!

Es harren Reisen für die Ausstellung des Reichsarbeitsdienstes und die weiteren Wissenschaftlerinnen. Um das geplante Buch gehen noch Kämpfe, es dennoch durchzusetzen!

Und unser Heim! Tausend Dinge sind zu tun! Nach Prag muß ich auch noch!

Ich schätze es nicht, nirgends Luft zu sehen und kaum von der Stelle zu kommen. Na, es heißt tief Luftholen, Ruhe zu bewahren, und zu tun, was man kann.

Morgen früh kann ich mich ab 7.30 am Geschäft zur Annahme einer Kostümreinigung anstellen. Dergleichen kommt auch noch dazu!

Wie dem auch alles sei, Du und ich, das ist die Hauptsache und ich werde dafür sorgen, daß Du nicht eine echauffierte, unruhvolle Frau bekommst.

Willst Du nicht mal zum WOCHENENDE kommen?

Baltikum, Feldpostnummer 26444, 19. April 1944

Mein Liebes!

Seit einigen Tagen kommt wenig oder gar keine Post mehr. Die Feldpost hat Launen! Die letzte Nachricht, die ich bekam, war eine recht traurige. Unser Bundesbruder Erich Rosenberg ist gefallen! Es ist, nächst Heinzens Tod, einer der härtesten Schläge für mich. Krüger, Binzel, Halfpapp, Heinz und jetzt auch Rosenberg! Kameraden aus meinem engsten Freundeskreis während der Studienzeit. Und keinen werde ich wiedersehen. Es ist nicht möglich, sich das vorzustellen!

Rosenbergs Frau – ich habe sie nicht kennengelernt – hat mir erst jetzt schreiben können, weil sie meine Anschrift erst mit seinem Nachlaß bekommen hat.

Mir, mein Frauchen, geht es gut. Morgen, denke ich, werde ich zu unserem alten Gefechtsstand zurückkehren. Hoffentlich gibt es morgen, zum Führergeburtstag, endlich wieder Post von Dir. Ich habe dolle Sehnsucht!

Ganz liebe Küsse von Deinem Kuddel

Auf der Bunkerhöhe zu »Führers Geburtstag«. Geliebter Mann!

Rathenow, Du wirst es vernommen haben, ist schwerstens bombardiert.

»Starke Menschenverluste!« Du kannst Dir denken, was das besagt.

Stendal und Wittenberge haben was abbekommen. Es geht jetzt also auf die Kleineren los.

Churchill hat gesagt, daß er die Deutschen im Reich jagen wolle, daß sie nicht mehr wissen wohin!

Hm, es wäre manches zu sagen, jedoch brieflich nicht angebracht. Wollte der Himmel uns endlich wieder zum »siegreichen Schlage« ausholen lassen.

Vor den Reisen graut mir langsam. Angriffe zu jeder Tages- und Nachtzeit sind zu erwarten. Unterwegs keine Luftschutzräume! Nirgends Schutz! Wenn ein Luftschutzkeller überfüllt ist, können draußen die Bomben platzen, Du wirst NICHT eingelassen. Verluste mehr oder weniger, es kommt nicht darauf an – unsere HALTUNG bleibt tadellos!

Uff, mein Liebes, ich muß eine Pause machen. Weißt Du, womit ich beschäftigt war? Mit dem nochmaligen Lesen aller Deiner Briefe. Wie herrlich, geliebt zu werden! Es ist das, was ich mir so lange ersehnt, erträumt habe. Wenn wir diesem Glück erst gemeinsam leben dürfen! Mein Liloken, DAS Leben wird ein einziges Fest! Ich will all Deine Briefe an Dich absenden, damit sie uns erhalten bleiben. Sie sind Zeitdokumente, sie sind Beweisstücke unserer Liebe, sie sind unsere Chronik! Als ich heute morgen Deine Briefe in »zweiter Lesung« vorhatte, fiel mir erst die neue Anschrift auf. Ich wiederhole ganz andächtig: Osterburg, Gartenstraße 8! Also bist Du schon ganz dorthin übergesiedelt. So möge dieser Brief der erste sein, der nach »uns zu Hause« abgeht!

Orgelmann!

Bin wieder aus Prag zurück. Unterwegs gab es Alarm! In Rathenow zogen hundert feindliche Flieger ungehindert über uns ihre Bahn, daß die Luft vom Dröhnen der Motore schwang. Hada nennt dies formierte Gleichmaß: »Reichsparteitagsfliegen!« Man kann nicht umhin, der

Originalbrief von Kurt Orge (19. April 1944

19. 4. 44

Meine Lieben!

Seit einigen Tagen schon kommt wenig oder – wie für euch z. B. – gar keine Post mehr. Die Feldpost hat Launen!

Die letzte Nachricht die ich bekam, war eine recht traurige. Unser Bundesbruder Erich Rosenberg ist gefallen! Es ist nächst Heinzens Tod einer der härtesten Schläge für mich. Krüger, Binzel, Wallgrape, Heinz und jetzt auch Rosenberg! Kameraden aus meinem engsten Freundeskreise während der Studienzeit. Und keinen werde ich wiedersehen. Es ist nicht möglich, sich das vorzustellen!

Rosenbergs Frau – ich habe sie nicht kennengelernt – hat mir erst jetzt schreiben können, weil sie meine Anschrift erst mit seinem Nachlaß bekommen hat.

Mir, mein Frauchen, geht es gut. Morgen, denke ich, werde ich zu meinem alten Gesundheitsstand zurückkehren. Hoffentlich gibt es, wegen zum Führergeburtstag, endlich wieder Post von

Du. Ich habe _____ Sehnsucht!
Ganz liebe Küsse
von
Deinem _____

erneuten Not und dem nahen Tod der vielen Menschen zu gedenken.
Die Verluste sind ungeheuerlich im Steigen. Eines Tages wird man
über die Zahlen der Heimatfront staunen. Jetzt werden fast täglich
zwei, drei Städte angegriffen und viele ungenannte Orte. »Sie« haben
eine ausgezeichnete Kenntnis, wo etwas zu zerschlagen ist. Die
SPIONAGE blüht. Ich traue keinem!

Baltikum, Feldpostnummer 26444, 30. April 1944

Mein Liebes, Goebbels sagte in einer Rede in Heidelberg, die mir erst
jetzt unter die Augen gekommen ist: »Wir sind alle mehr oder weniger
Romantiker einer neuen deutschen Geltung vor uns selbst und vor der
Welt! Das Reich dröhnender Motoren, himmelstürmender technischer
Erfindungen, grandioser industrieller Schöpfung, fast unerschlossener
Räume, die wir für unser Volkstum besiedeln müssen, das ist das Reich
unserer Romantik.« Verstehst Du das? Ich kann das mit meiner
Vorstellung von ROMANTIK nicht vereinbaren!

Luxemburg, 5. Mai 1944

Colmarberg, im Schloß der ehemaligen Großherzogin von Luxemburg.
    Daß dies Schloß großherzoglich ist in Lage, Bau und Einrichtung,
bedarf kaum besonders erwähnt zu werden. Wäre der Krieg nicht, ich
läge bestimmt nicht – wie soeben – in einem Bett der großherzoglichen
Gästezimmer! Bad nebenan! Ein Labsal nach dieser langen Reise! Also
genau 30 Stunden bis Luxemburg von Osterburg. Um 1/2 2 Uhr früh
von Gießen fort. Ankunft Trier 6 Uhr. Weiterfahrt 10.14 Uhr, Ankunft
Luxemburg kurz vor 12 Uhr.
    Wir – in Trier – eilen den Zug nach Luxemburg entlang, um Platz
zu bekommen. Alles knackend voll. Es ist ein Personenzug. Die Leute
stehen in den Abteilen. Aber siehe da, die beiden ersten Wagen, bis auf
ein halbes Dutzend Jünglinge, vollständig leer. Wir sind entzückt und
können langliegen, wenn auch auf harten Bänken.
    In L. erfahren wir durch den Kreis, weshalb die beiden ersten Wagen
so leer waren: weil diese Züge fast täglich im Tiefflug angegriffen
werden!!! Die Lokomotive und die beiden ersten Wagen! Wir ahnungs-
losen Engel, wir. Unser Stern!! Mit den Zugangriffen wäre es toll, sonst
würden nur bestimmte Ziele – bis jetzt – bombardiert. Kinder, Kinder! –
Nichtsdestotrotz erfreue ich mich momentan einer herrlichen Sauberkeit
und eines frischen bequemen Bettes. – Es küßt Dich

Dein Liloken

Luxemburg (1944)

Mein Du!

Obwohl Punkt Mitternacht, sitze ich noch aufrecht in den Kissen. Es ist Voralarm. Heute morgen fielen hier Bomben. An die hundert Tote werden bis jetzt gezählt. Noch gibt es Verschüttete! Das Verlangen nach endlichem Gegenschlag ist geradezu schmerzhaft geworden. Es wird schlimmer und schlimmer! Bald ist keine Stunde mehr über dem Reichsgebiet feindfrei. Ach Kuddel! Wie lange noch müssen wir uns in dieser Ohnmacht bewegen? Herrgott, muß das der Tag sein, an dem auch wir einmal wieder entscheidend mitreden werden. Unser Vaterland blutet überall! Es ist ein Grauen um uns und eine unerträgliche Bedrückung, diese tägliche Geißel hinnehmen zu müssen. Es ist das große Leid unserer schönen, herrlichen Heimat! Verzeih, daß ich Dir damit immer wieder kommen muß. Aber sieh, immer wieder begegnet man den Eindrücken der täglichen Angriffe. Es gibt keinen Bericht mehr, der übertrieben sein kann.

Baltikum, Feldpostnummer 26444, 16. Mai 1944

Mein geliebtes Liloken!

Das Kuriosum der ersten leeren Wagen habe ich hier erzählt. Man hat mir erzählt, daß in Deutschland die Züge jetzt auch Flak-Wagen mitführen. Wie unerfreulich kriegerisch! Es sieht jetzt aber doch so aus, als ob es zu einer entscheidenden Auseinandersetzung kommen wird. Mir scheint, die Invasion steht vor der Tür, und zusammen mit ihr werden nach unserer Überzeugung Angriffe an allen Fronten kommen. Wir sind guten Mutes. Und wie ich höre, sind auch Männer wie Rundstedt, Rommel und Manstein äußerst zuversichtlich. Hoffentlich spürt die Heimat eine Entlastung durch solche Ereignisse an den Fronten. Möglich wäre es immerhin, daß die Post bei heftig einsetzenden Kampfhandlungen nicht immer regelmäßig kommt und geht. Mein Liebes – unser Stern! Er wird über uns beiden wachen. Und wenn dann der Krieg doch noch mal zu Ende geht – das soll ein LEBEN werden!

Osterburg, 4. Juni 1944

Lieber Kud!

Der Wehrmachtsbericht war ja wieder Sch...

Wann beginnen wir mit Siegen? Morgen oder übermorgen sind die Feinde im »ewigen Rom«. Es ist ein großer Mist.

Die Invasion kommt nie in der gepriesenen Weise. Im Westen binden die uns an unseren Wällen, bis wir erledigt sind von anderen Seiten.

Mein KUDDEL! Dein LILOKEN

Gestern hat also die lang erwartete – ich möchte fast sagen, ersehnte INVASION begonnen. Hoffentlich verläuft sie nun so, wie wir es uns wünschen!

Dein Kuddel-Mann

Mein Kuddel!

Ob die große Stunde für unser Heimatland begonnen hat? Ich empfinde die neuerwachten Kämpfe, die vielbesprochene Anstürmung des Feindes an der Kanalküste wie die Vorboten eines endlich ersehnten und in der Folge hoffentlich befreienden Gewitters. Seit Tagen kein Alarm! Das löst den Alpdruck derartig, daß man zu träumen versucht ist und glauben möchte, daß alles ein grausamer Spuk war und man könnte, morgen nach Hause fahrend, alles beim lieben Alten vorfinden. Nun wird's auch im Osten wieder losgehen! Ach mein Du!

Ich küsse Dich innig, Dein Frauken

Mein Mann!

Es ist eine unerhörte Spannung um das derzeitige gewaltige Geschehen. Daß es endlich losgegangen ist, daß die »Invasionitis« endlich ausgebrochen ist, hat in mir, hat von meiner Seele ganze Gletscher losgerissen! Es erfüllt mich eine unbeschreibliche Erleichterung. »Ängstige, quäle Dich nicht länger, meine Seele, freue Dich! Schon sind da und dorten Morgenglocken wach geworden.« Morgenglocken für ganz Deutschland, das übermenschlich gelitten hat! Statt der berüchtigten zwei Fronten haben wir jetzt Dreifrontenkrieg. Wir geben das äußerste an Kraft und Mut. Haben wir alles getan, hoffen wir des Schicksals Stimme auf unserer Seite.

Uha mein Liebes,

ich werde Dir keine Neuigkeit schreiben, wenn ich Dir sage, daß die Urlaubssperre inzwischen Wirklichkeit geworden ist. Wie ein Alpdruck scheint es von den Menschen genommen zu sein, daß endlich etwas geschieht, von dem man eine Entscheidung erwarten kann. Und wenn der Amerikaner in Italien noch mehr drückt oder gar auf dem Balkan auch noch landet, wenn der Russe seine Großangriffe wieder aufnimmt, und ich kenne sie zu gut, um mich danach zu sehnen – alle diese Kämpfe werden auf Nebenkriegsschauplätzen ausgetragen. Wir erhoffen die Entscheidung jetzt im Westen! Ich habe gesagt, ich glaubte der Krieg ginge in diesem Jahr zu Ende. Ich bin noch der Meinung. Wenn auch kein Frieden geschlossen werden mag, die ENTSCHEIDUNG fällt, so glaube ich, noch in diesem Jahr!

Das zerstörte Hamburg
(1943/44)

Das zerstörte Hamburg
(1943/44)

4 Regen Sie sich nicht auf

Es glaubt der Mensch sein Leben zu leiten, sich selbst
zu führen, und sein Innerstes wird unwiderstehlich nach seinem
Schicksale gezogen.

Goethe, »Egmont«

Baltikum, Feldpostnummer, 26444, 17. Juni 1944

Meine Gemahlin!

Nun hat endlich die »Vergeltung« eingesetzt. Ich nehme an, daß auch zu Hause alles aufatmet. Endlich den Angriffen nicht ausgesetzt sein, ohne zurückzuschlagen. Ich bin gespannt auf die erste Nachricht über die Wirkung der Vergeltung. Ich wollte, sie könnte gegen die noch bereitgestellten Divisionen zur Invasion voll zur Geltung kommen. Und in London! Stell Dir vor, dauernd einem »Bombardement« ohne Möglichkeit rechtzeitigen Luftalarms ausgesetzt zu sein! In jeder Sekunde kann irgendein Einschlag erfolgen. Und das nicht an der Front, wo man damit rechnet, sondern in Großstädten. Na, danke! Ich denke an Dich und küsse Dich!

Dein »Gemahl«

Baltikum, Feldpostnummer 26444, 20. Juni 1944

Mein geliebtes Liloken!

Gestern und heute sind »Feindverbände im Anflug auf Nordwestdeutschland« gemeldet worden. Gestern hat unser schönes Hamburg wieder einen Angriff über sich ergehen lassen müssen. Ich denke an Euch und wie Euch die Freude über die nun wirklich begonnene Vergeltung durch diese Nachrichten getrübt sind. Es geschieht aber wieder etwas! Die Ereignisse, die wir uns als kriegsentscheidend denken, haben angefangen. Hoffen wir zu Gott, daß unsere Erwartungen in Erfüllung gehen.

Baltikum, Feldpostnummer 26444, 22. Juni 1944

Mein innig geliebtes Liloken!

Heute vor drei Jahren sind wir in Litauen einmarschiert. Wir haben uns diesen Krieg hier im Osten doch leichter vorgestellt. Nun wird die Entscheidung wohl im Westen gesucht und hoffentlich gefunden werden.

Mein letzter Brief trug als Absender meinen neuen Dienstgrad. Falls es Deiner Aufmerksamkeit entgangen sein sollte, tue ich Dir hiermit kund und zu wissen, daß ich mit Wirkung vom 1. 4. 44 zu diesem Dienstgrad befördert worden bin.

Herzlichst! Dein Kuddel

Osterburg, 23. Juni 1944

Mein Gemahl!
Ja, ich möchte auch wissen, in welchem Maße sich die neuen Geschosse
drüben auswirken. London müßte bald erledigt sein, wenn man mit
Berlin vergleicht, das keine 100 Stunden insgesamt Angriffe hatte.
Und Berlin war einmal!

Baltikum, Feldpostnummer 26444, 25. Juni 1944

Mein geliebtes Liloken!
An unserer Front herrscht immer noch Ruhe. Es hat den Anschein, als
ob Iwan hier noch nichts vorhat. Er scheint, im Gegenteil, Angst vor
weiteren Angriffen zu haben. Sehen wir der weiteren Entwicklung mit
Spannung entgegen!
    Die »Vergeltung« scheint dem Engländer doch irgendwie weh zu
tun; hat ihn aber nicht davon abhalten können, Hamburg wieder erheblich anzugreifen. Mich soll wirklich wundern, wie das so weitergehen
wird. Ein Eichenlaubträger, der gerade aus dem Führerhauptquartier
kam, erzählte, daß dort große Zuversicht herrscht. Und die wissen dort
ja mehr als wir.

Osterburg, 28. Juni 1944

Mein Orgelmann!
Die Heimat ist wie geschlagen von dem neuen schweren Verlust im
Westen. Es steht so schlecht wie nie, und die neuesten Reden lassen
weit und breit keinen Hoffnungsschimmer! Wie wollen wir uns da
noch herauspauken? Dennoch …
                                                    Dein Liloken

Prag, 29. Juni 1944

Hauptmann!! Meinen Respekt, Herr Hauptmann! Wenn der Krieg
noch lange dauert …! Dunnerlüttchen! Da muß ich mich erst langsam
dran gewöhnen! Also: meinen Glückwunsch!
                                                    Liloken

Mein Liloken!

Wir haben mit Spannung auf die Ereignisse gewartet, von denen wir uns die Entscheidung, das heißt das siegreiche Ende des Krieges erhoffen. Sie haben ihren Anfang genommen. Möge das zweite halbe Jahr 1944 uns auf diesem Weg ein gut Stück vorwärts bringen. Warum sollen wir nicht sogar hoffen, daß es uns bereits das ersehnte Ende bringt? Wir sind – toi, toi, toi – an dem tollen Ringen an der Ostfront noch unbeteiligt. Ich kann es hier an einem ruhigen Frontabschnitt gut aushalten.

Dein Kuddelmann

Schwere, verlustreiche Kämpfe um Wilna – Russische Angriffe entlang der Bahnlinie Kowno–Dünaburg. Nein, es sieht wirklich nicht ausgesprochen rosig aus. Ein Kamerad, der soeben vom Urlaub zurückkommt, erzählt, die Stimmung in der Heimat sei nicht berühmt. Wir wollen uns nichts vormachen: Die Lage im Osten ist ernst, aber – ich komme von selbst auf eine unserer Redensarten – noch lange nicht hoffnungslos. Wie dem Iwan ein solch gewaltiger Einbruch gelingen konnte – ich weiß es nicht. Aber auch dieser Vormarsch des Iwan wird zum Stehen kommen. Unsere Reserven werden herankommen und sich vor Ostpreußen stellen. Eine ganze Heeresgruppe einzuschließen wird auch über die Kräfte des Russen gehen. Wir sehen der weiteren Entwicklung mit Fassung entgegen. Und Dich, mein Liloken, bitte ich, Dir keine Sorgen zu machen: Unser Stern wird weiter über uns wachen!

Mein liebes Frauken!

Ich hörte im Rundfunk von dem mißglückten Attentat auf den Führer. Ich bin Wut mit Schaum! So eine verdammte Schweinerei! Ob die glauben, unsere Herren Feinde würden uns nach einer Umwälzung freundschaftlich in die Arme genommen haben? Ich muß sagen, ich bin schwer erschüttert. Ich kann es bei allem Verständnis, das man anderen politischen Anschauungen entgegenbringen könnte, niemals verstehen, daß ein Deutscher in einem Augenblick, der ohne Zweifel voller Krisen ist, einen solchen Dolchstoß in den Rücken führen kann.

Du wunderst Dich über unseren Optimismus. Er ist auch wunderbar, und man tut gut daran, ihn sich zu erhalten. Gewiß, in der Heimat mag das noch schwerer sein, weil man dort der Kriegführung mehr passiv ausgesetzt ist und vor allem auch die feindliche Propaganda an allen Ecken und Enden auf einen lauert.

Der Standhafteste kann bei dauernden Propagandameldungen gelegentlich trübe Gedanken nicht bannen. Auch uns wollen sie wohl mal kommen, aber dann erheischt irgendein Geschehen wieder unseren vollen Einsatz. Als ich gestern mit Hubert Gestefeld über die Ereignisse in Deutschland sprechen wollte, brach er ab und sagte: »Ich habe, Gott sei Dank, zu tun!« Und er hat recht!

Baltikum, Feldpostnummer 26444, 26. Juli 1944

Mein liebes Liloken,
Du bist in den letzten Tagen zu kurz gekommen. Wir sind seit einigen Tagen in frischem Gegenangriffskrieg. Heute abend hat Goebbels die endgültige Durchführung des »totalen Krieges« bekanntgegeben. Mich soll wundern, WIE sie aussehen wird. Auf beiden Seiten werden die letzten Kräfte herausgeholt. Es wird noch eine harte Zeit werden, aber sie kann nicht lange dauern. Wir vertrauen auf unseren guten Stern, wir beide, was? Es wird schon werden!

Baltikum, Feldpostnummer 26444, 28. Juli 1944

Mein Liloken!
So weit ist es noch lange nicht, daß wir hier eingeschlossen werden, aber Schiete ist es schon! Gott sei Dank hast Du den selben starken Glauben wie ich. Unser Stern wird uns nicht verlassen! Sollte es also wirklich mal so kommen, daß der Feind zur Küste durchstößt, dann darfst Du auch dann den Mut nicht sinken lassen. Ich GLAUBE daran, daß ich wohlbehalten zurückkomme und bin in Gedanken immer bei Dir.

Baltikum, Feldpostnummer 26444, 29. Juli 1944

Mein geliebtes Liloken!
Der Wehrmachtsbericht gab heute bekannt, daß der Feind Schaulen besetzt hat und Mitau bedroht. Es ist also doch so, wie wir es befürchteten. Sei nun bitte nicht traurig, mein Liebes. Man kann zwar nicht behaupten, daß unsere Lage rosig ist, aber zum Verzweifeln ist sie noch lange nicht! Wir sind eine stattliche Streitmacht und werden uns zu helfen wissen. Mein Glaube an unser Glück ist unerschütterlich! ICH KOMME WIEDER!

Immer Dein Kuddel

Mein liebes Liloken!

Ich glaube, daß sich unsere Front bald so festigt, daß wir uns wieder Bunker bauen. Jedenfalls scheint es mir, als ob die dringendste Gefahr gebannt zu werden beginnt. Wir werden es schon schaffen!

Wenn man von »Eingekesseltsein« spricht, denkt jedermann gleich an Stalingrad. Das ist falsch. Wir haben zwar zur Zeit keine Landverbindung mehr mit der »Heimat«, aber wir haben die allein von uns beherrschte Ostsee, und wir haben noch ein Gebiet, das fast drei Staaten umfaßt! Und wir sind eine Streitmacht, eine ganze Heeresgruppe. Die kann man nicht »vernichten«!

Und das dürfen wir nicht vergessen: Nicht nur bei uns zu Haus gibt es Schwierigkeiten, die Gegner haben sie auch. Bei unserem Zusammenbruch 1918 war der Engländer auch kurz davor!

Ich hatte als Studiker in meiner Bude außer vielen Bildern auch manch sinnigen Spruch. Mit zwei von ihnen in unserer plattdeutschen Mundart will ich diese Erörterung abschließen, zu der mich unsere militärische Lage und eine Unterhaltung mit dem aus dem Führerhauptquartier zurückgekommenen Kameraden angeregt haben:

> Und süht dat ut ok noch so slecht –
> Dat löt sick allens wedder trecht!

Und:

> Hier ward nich bidreiht, ward nich refft –
> Bit wi dat Ziel to faten hefft!

So, mein Liebes, jetzt von mir noch ganz privat! Wir leben – ja, man muß es so nennen – in Völlerei. Heute morgen nach dem Aufstehen: junge Kartoffeln, in Speck gebraten mit Schweinebraten. Vormittags ein halber bis ein Liter Vollmilch. Mittags Hühnersuppe und Puten-, Gänse-, Enten-, Kalbs- und Hammelbraten oder ähnliches. Knapp werden Eier, weil alle Hühner in die Suppe fliegen. Wir haben uns ja auch um einige Kilometer zurückziehen müssen. Dabei muß natürlich alles Vieh mitgenommen oder getötet werden. Sonst nützt es dem Feind. Alle Pferde requirieren wir für uns. Regelmäßig kommen dann weinende Männer, Frauen und Kinder. Es ist verdammt nicht leicht, dann hart zu bleiben. Aber was hilft es? Es ist Krieg! Außerdem ist die hiesige Bevölkerung keineswegs uns unfreundlich gesonnen. Der Russe ist da viel brutaler. Neulich ist von uns ein Dorf zurückgewonnen worden. Da waren die Männer zusammengetrieben und abgeführt, Frauen und Kinder ermordet!

Ganz, ganz liebe Grüße und einen innigen Geburtstagskuß von Deinem Kuddel

Mein liebes Liloken!
Es abendet bereits, und ich habe Dir noch nicht geschrieben. Ein ruhiger Tag heute. Der Feind hat sich gestern wieder eine blutige Nase geholt und muß sich erst wieder verpusten. Morgen wird er wohl wiederkommen. Wir haben jetzt eine Stellung bezogen, aus der er uns nicht heraushauen wird.

Die Wehrmachtsberichte sind zur Zeit alles andere als erfreulich! Wenn man nicht die Zuversicht hätte, daß wir noch Überraschungen haben, wüßte man seinen Optimismus wirklich nicht zu begründen.

Mein liebes Frauken!
»Bitte um 9 Uhr den Wagen!« Mit diesen Worten verabschiedete ich mich gestern abend.

Punkt 9 Uhr stand heute vormittag unsere riesige Ford 08-Limousine vor der Tür. Der Adjutant fährt zu Besuch der Trosse in das rückwärtige Gebiet, und die Sonne lacht dazu! Auf prächtiger Straße geht es durch teils waldiges, teils ackerbebautes Gebiet. Kein Knüppeldamm! Wir brauchen kein Schneckentempo zu fahren. Da macht eine Autofahrt Spaß.

Vor uns gleitet Vater Adebar im eleganten Flug zu Boden, stellt sich auf ein Bein und klappert wie ein richtiger Klapperstorch! Störche gibt es hier so viele, wie ich sie höchstens damals in Westpreußen vor Beginn des Ostfeldzuges gesehen haben. Ich mag Störche – trotz ihrer Gemeingefährlichkeit für junge Mädchen – gern. Ich kann ihnen geduldig zuschauen, wenn sie majestätisch mit langen Schritten auf den Wiesen einherschreiten oder zu dritt oder viert im Nest stehen und ihre ersten Flugversuche unternehmen. Krieg? Was kümmert es sie! Neulich stand eine schwere Batterie in unmittelbarer Nähe einer Scheune mit Storchennest. Sie feuerte mit ohrenbetäubendem Lärm. Familie Adebar hat zunächst erstaunt geguckt, sich dann aber überhaupt nicht stören lassen. Mit der himmlischen Ruhe von Unbeteiligten sehen sie auf dieses mörderische Treiben, das dem lachenden Sommer, den erntereifen Feldern hohnlacht. Beneidenswert, diese Störche!

Das Korn steht üppig und goldgelb auf dem Halm. Es ist höchste Zeit, daß der Schnitter kommt. Aber er kommt nicht. Können wir es ihnen verdenken, daß sie keine Lust zur Erntearbeit haben? Wissen sie, wissen wir, was morgen aus ihnen, aus ihren Ländern geworden ist?

Wir fahren ins rückwärtige Gebiet. Hier haben deutsche Soldatenhände zugepackt. Wir fahren an den ersten Feldern mit Getreidehocken vorbei. Stoppelfelder – Zeichen des herannahenden Herbstes. Wie schön kann der Herbst sein!

Vor Jahren habe ich im Herbst eine Ostpreußenfahrt gemacht. Die Seen mit dem malerisch gefärbten Laub an den Ufern im grellen Sonnenschein werde ich nie vergessen. Einmal war ich im November in Schlesien, in der Gegend von Salzbrunn. Das Wetter war noch so warm, daß ich ohne Mantel wanderte. Das war damals, als ich zum ersten Male in Krummhübel, des für mich, für uns so schicksalhaften Ort gewesen bin. Auch damals habe mich die Laubfärbung an den Bäumen und das frischgefallene Laub am Boden, durch das man raschelnd stapfte, begeistert.

Und jener September in Timmendorf? Waren uns damals nicht fast sommerliche Tage im September beschieden? Ich erinnere mich an die Wanderung nach dem Nachbarbad, am Steilufer entlang. Weißt Du noch, wie das vor uns gehende Pärchen Dich fragte, ob Du was vom Fotografieren verstündest?

Na, und der September 1943, Bad Aussee, war das etwa nicht schön? Ja, ja! Der Herbst ist schön! Du magst ihn ja auch gern. Im vorigen Jahr schicktest Du mir aus Heidelberg die buntesten Blätter – ich erinnere mich nur an schöne Herbstzeiten. Warum sollte der Herbst 44 nicht auch schön werden?

Halt! Da bin ich ins Schwätzen, ins Träumen gekommen, und beinahe hätten wir versäumt, links in den Waldweg einzubiegen. Ja, das ist unser Wagen längst gewohnt, daß es auf sandige Seitenpfade geht. Wie lange liegen die Zeiten zurück, zu denen er als vornehmer Tourenwagen durch die Straßen der belgischen Städte fuhr! Dort hat er seinen Besitzer gewechselt. Ein belgischer Kaufmann hat ihn an die deutsche Wehrmacht abgetreten.

Ich habe das Seitenfenster aufgemacht. Eine frische Sommerbrise weht in den Wagen. Jetzt sind wir in den Wald gekommen. Wir fahren langsamer. Es ist ein schöner Wald. Ranke, schlanke Tannen stehen in gemessenen Abständen.

Hier und da kommt uns ein Offizier, ein Mann entgegen, erkennt uns und grüßt.

Wir überqueren eine Eisenbahnlinie. Schnurgerade laufen die Schienen soweit man sehen kann. Wie immer werde ich von einer ungeheuren Reiselust gepackt. Das ging mir schon immer so. Ging ich in Hamburg über die Brücke beim Hauptbahnhof, und ich sah unten den Bahnsteig mit den Fernzügen und wie die Reisenden sich drängen, bekam ich Fernweh. Hier habe ich es schon, wenn ich einen Zug oder auch nur, wie eben jetzt, die Schienen sehe. Nur ist es jetzt kein Fernweh, sondern Heimweh, die Sehnsucht, unser Heim kennenzulernen, dich wiederzusehen!

Wieder sind die Gedanken mit uns durchgegangen. Wir sehen alles, was uns begegnet, die Felder, die nun wieder an uns vorbeifliegen und sehen doch tatsächlich etwas ganz anderes. Wir träumen! So kommt es, daß wir fast überrascht sind, als der Fahrer anhält und der Begleitoffizier sagt: Am Ziel!

Ach so, ja, wir fahren zu den Trossen. Sie waren vorgestern beim Umzug »aufgefallen«, als der General vorbeifuhr. Die Führer der Trosse empfangen ihre »Zigarren«. Nüchterner Kommiß hat unsere Träume beendet. Schade!

Ein Gemüsegarten verlockt zum Naschen. Einige Mohrrüben, ein paar Erbsen – für heute haben wir wieder genügend Vitamine! Wo essen wir Mittag? Wir fragen bei den verschiedenen Batterien, was es bei ihnen gibt. »Erbsensuppe?« Nein, danke! – »Nudelsuppe?« Schon gar nicht! »Schweinebraten mit Salzkartoffeln?« – »Rehbraten!« Gewonnen! Wir danken für die Einladung. Es gibt ein Stück, von dem in der Heimat eine Familie eine Woche leben müßte. Ich habe es nicht geschafft! Vollgefr… (entschuldige, es war wirklich so!) setzen wir uns in den Wagen. Weiter geht die Fahrt zu rückwärtigen Divisionseinrichtungen. Sie liegen an der Düna. Ein prächtiger, breiter Fluß liegt vor uns. Fast keine Strömung. Ein leichter Wind kräuselt die blaue Wasseroberfläche. Das jenseitige Ufer hat Wiesen und Wälder. Es liegt tiefer als unseres. Junge Pferdchen machen übermütige Sprünge. Auf dem Wasser – wir trauen unseren Augen nicht – zwei Kajaks. Zivilisten machen ihren Wasser-Ausflug. 20 Kilometer von hier entfernt liegen unsere Kameraden und schießen sich mit dem Russen herum!

Der zweite Generalstabsoffizier der Division wohnt in einem netten Steinhaus am Ufer. Seine Inneneinrichtung ist spartanisch. Der einzige Luxus ist ein riesiger Toilettentisch mit kreisrundem Spiegel. Ich kann nicht umhin, mir vorzustellen, was dieser Spiegel schon alles gesehen hat!

Wir haben unsere Aufgabe erfüllt. Heimwärts geht es. Ein kurzer Besuch beim Gefechtsstand der Division verschafft mir einige Bilderchen vom Abschiedsfest für Oberst Seifert. Ich lege Dir heute eins, später die anderen bei. Verwahr sie mir bitte oder schicke sie an meine Mutter für mein Kriegsarchiv.

Szenenwechsel!

Zeit: 16. August 1944 – 9 Uhr morgens. Ort: Irgendwo im Wald in Lettland. Ein Autobus steht unter Büschen, Zelte sind im weiten Umkreis umher aufgebaut. Die Sonne blinzelt durch die Bäume. Alle wissen es, keiner sagt es: der kgl. preußische Hauptmann Orgel hat heute Geburtstag. Fünfunddreißig Jahre wird er alt. Was hat sich in diesen dreieinhalb Jahrzehnten alles ereignet!

Welch geruhsame, gemütliche Zeit muß es gewesen sein, die Jahre 1909-1914. Erste Erinnerungen setzen ein – da wohnten wir schon in der Blücherstraße, und es war Krieg. Von allem, was vorher war, weiß ich nicht, sind es eigene Erinnerungen oder Erzählungen meiner damaligen Umwelt. 1914 brach der Krieg aus. Man sprach darüber, und ich hörte es. »Krieg« war mir kein Begriff. Ich wußte nur, was »kriech« bedeutete und rutschte, »Krieg spielend«, auf den Knien im Zimmer umher. Ich wollte, ich hätte nie besser kennengelernt, was Krieg bedeutet!

Damals, von 1914–1918 berührten mich die Sorgen des Krieges nur mit kindlicher Oberflächlichkeit. Auf der Garderobe pflegte stets ein Groschen zu liegen, und ich durfte damit hinunterflitzen, wenn das längst bekannte »Extrablatt. Extra-Ausgabe, eben herausgekommen!« erscholl. Und dann wurde die Flagge über dem Balkon gehißt. Viele, viele kleine Anekdötchen könnte ich aus dieser Zeit erzählen. Aber das würde heute zu weit führen. Nur eine will ich Dir noch erzählen: »Die Schummerstunden« mit meiner Mutter. Du weißt, ich war während des ganzen Krieges damals mit meiner Mutter allein. Oft spielte ich nachmittags in der Wohnstube, meine Mutter saß am Fenster und machte Handarbeiten. Wenn es dann langsam dunkel wurde, drängte ich, Licht zu machen. Meine Mutter widerstrebte, sei es aus Sparsamkeit, sei es, weil es sich (was ich damals nicht wußte) in der Dämmerstunde so wunderschön träumen läßt. Dann pflegte sie zu sagen: Wenn auf der Straße die dritte Gaslaterne angezündet wird – dann machen wir Licht. Nun mußt Du wissen, daß damals das Licht nicht automatisch anging, nein, ein Mann mit langer Stange und einem Hahn daran ging von Pfahl zu Pfahl (oder richtiger: zum übernächsten Pfahl), denn jede zweite Laterne wurde eingespart). Geduldig wartete ich dann am Fenster, bis der ersehnte Mann um die Ecke kam. So ändert man sich: Heute schätze ich die Dämmerstunde ungemein. Und wie würde ich sie mit Dir schätzen!

Der Brief würde endlos werden, wollte ich meine Rückschau in dieser Breite fortsetzen. Kehren wir zur Gegenwart zurück!

Um 9.15 Uhr erschien das Offizierskorps des Regimentsstabes mit einem ff. Schnäpschen und eröffnete die Reihe der Gratulanten.

Ich hatte für den Gefechtsstand Stellungswechsel vorgesehen. Am neuen Gefechtsstand erwartete mich Herbert Gestefeld, Kommandeur unserer IV. Abteilung, mit einem Fläschchen Gesichtswasser und Haarwasser. Es hat also sogar Geburtstagsgeschenke gegeben. Der General kam zufällig und zwei Stabsoffiziere der Division. Daneben ging pausenlos das Telefon.

Du hast mir so viele schöne Sachen zum Geburtstag geschickt, daß ich mir arm vorkomme, Dir zu Deinem Geburtstage nichts bieten zu können, als meine guten Wünsche – und die auch nur schriftlich! Ich werde es später wiedergutmachen!

Wir wollen uns nichts vormachen: Es ist eine Krisenzeit, vielleicht DIE Krisenzeit! Das ist aber ein Grund mehr dafür, daß wir eiserne Nerven bewahren müssen. Es ist noch nichts verloren! Einen Krieg ohne Krisen gibt es nicht. Es ist auch nicht nur propagandistisch wertvoll, sich an den siebenjährigen Krieg Friedrichs des Großen zu erinnern. Mit damaligen Maßstäben gerechnet, waren die Krisen mindestens ebenso groß. Gewiß sieht es in Frankreich verdammt nicht schön aus, aber der Feind hat mindestens die Hälfte seiner Invasionsarmee einsetzen müssen, um überhaupt erst einmal zu Erfolgen zu kommen. Auch seine Reserven sind nicht unerschöpflich und wie es in England aussieht, kann uns hier niemand erzählen. Und Iwan hat unzweifelhaft Mordserfolge gehabt! Daß es ihm gelungen ist, Ostpreußen unmittelbar zu bedrohen, kann uns wütend machen. Also, Liebes, fängt einer an zu unken, dann sag ihm: Bange machen gilt nicht – es ist noch lange nicht aller Tage Abend.

Nun, mein Liebes, hoffentlich kommt dieser Brief bei Dir an. Ich habe nicht immer so viel Zeit, so ausführlich mit Dir zu plaudern, obgleich ich noch stundenlang weiter schreiben könnte. Laß Dich umarmen, mein liebes Liloken, grüß die Eltern und laß Dir zum Dank für alle lieben Briefe und Bilder einen ganz besonders herzlichen Kuß geben!

Immer dein Kuddel

Baltikum, Feldpostnummer 26444, 24. August 1944

Mein Liebes!
»Marschall Antonescu beseitigt!« Kinder, Kinder, was alles passiert! Die Nerven – stahlhart muß man sie haben! Alle Welt wittert Morgenluft und gibt uns verloren. Ich denke, sie werden sich irren! In einigen Wochen, so heißt es, werden wir mit Neuem aufzuwarten haben. Möge es einschlagen!

Tausend liebe Küsse! Dein Kuddel

Baltikum, Feldpostnummer 26444, 31. August 1944

Mein Liloken!
Ich war der Meinung, daß in diesem Jahr der Krieg zu Ende geht. Ich bin noch jetzt der Ansicht. Zwar wird am 31.12. wohl noch kein »Friedensschluß« sein, aber die Entscheidung dürfte gefallen sein. Warten wir ab und tun wir unsere Pflicht!

Mein liebes Frauken!

Jawohl, die Landverbindung ist wieder hergestellt. Iwan wird aber wohl noch mal einen kräftigen Angriff starten, um wieder ans Meer zu kommen. Hoffentlich kann er aufgehalten werden!

Nicht ohne Grund setzten die Feinde alles daran, ihre Erfolge auszunutzen. Sie wollen das Kriegsende in diesem Herbst erzwingen. Gelingt es uns, und es muß gelingen!, die Front zum Stehen zu bringen, wird es nach meiner Meinung einen gewaltigen Rückschlag in der Stimmung im feindlichen Ausland geben. Deshalb wollen auch wir uns unsere Zuversicht nicht rauben lassen!

Mein Liebes, ich küsse und umarme Dich in doller Liebe!

Dein Kuddel

Mein geliebtes Liloken!

Im Rundfunk kam die bittere Pille, daß Finnland den Kampf aufgibt. Verdammt, verdammt! Wie soll das werden? Nun wird es bald höchste Zeit, daß unsere technischen Neuerungen, von denen wir uns so viel versprechen, zum Zuge kommen. Wir wollen weiter zuversichtlich glauben! Unser Stern wird über uns wachen! Es mag seltsam klingen: In den besch… Situationen, in denen es sauschlecht aussieht, ist mir noch nie der Gedanke gekommen, daß für UNS beide eine Gefahr bestand. So ist es auch jetzt: Mein Glaube daran, daß unser Stern uns beschützt und wieder zusammenführt, ist nicht erschüttert. »Nur wer sich selbst aufgibt, ist verloren!«

Ich wohne auf einem Bauernhof. Strahlender Sonnenschein will keine gedrückte Stimmung aufkommen lassen. Kühe weiden friedlich auf den weiten Wiesen. Enten und Hühner schnattern und gackern. Träge schleicht sich ein riesiger grauer Kater über den Hof, legt sich in die Sonne, blinzelt noch einmal zu mir herüber und schläft ein. Ein Bild des Friedens. Gedämpft dringt das Rummeln fernen Artilleriegroßkampfes zu uns herüber. Ob Iwan dort angreift? Bei uns ist noch alles ruhig, verdächtig ruhig. So läßt uns das friedliche ländliche Bild nicht in die gleiche friedliche Stimmung kommen.

Du fällst auf die Dicke meiner Briefe herein und stellst mißbilligend fest, daß sie zum größten Teil auf Deine eigenen zurückgeschickten Briefe zurückzuführen sind. Die Dokumente sollen Dir auch gar nicht gehören, Du brauchst sie auch nicht zu lesen. Sie gehören mir und gehören zu meinen teuersten Schätzen. Deshalb möchte ich sie in Sicherheit wissen.

Herzlichste Küsse

Dein Kuddel

Baltikum, Feldpostnummer 26444, 6. September 1944

Mein liebes Liloken!

In Frankreich, Belgien sieht es auch besch... aus. Jetzt hilft also nur noch TOTALSTE Mobilisierung, und hoffentlich sind die vielbesprochenen NEUEN WAFFEN bereit. Es muß doch gelingen, die Feinde VOR Deutschlands Grenzen zum Stehen zu bringen!

Und seltsam, es mag noch so düster aussehen und ein Optimismus gar als närrisch erscheinen – mir ist noch nie im Ernst der Gedanke gekommen, es könnte uns beiden ein Unheil zustoßen. Ich bin so felsenfest überzeugt davon, daß wir – komme, was kommen mag – zusammenfinden und glücklich sein werden. Und auf diese Zeit freue ich mich maßlos. Sie läßt mir den Krieg überhaupt noch erträglich erscheinen.

Mein Liebes, ich muß fort und verabschiede mich mit 1000 Küssen,

Dein Kuddel

Baltikum, Feldpostnummer 26444, 7. September 1944

Mein geliebtes Frauken!

Aber was hilft es: Es ist Krieg, bitter ernster Krieg, und er muß beendet werden, wollen wir unser Glück genießen können.

In einem Aufsatz über unseren Oberbefehlshaber finde ich, daß er ein Schlieffen-Wort gebraucht, das mir sehr imponiert: »Es gibt keine verzweifelten Situationen, es gibt nur verzweifelte Menschen!« Das Wort gefällt mir und ist sicher auch richtig. Was auch kommen mag, man darf den Mut und die Zuversicht nicht verlieren. Wohin wir gestellt werden, tun wir unsere Pflicht!

Verzweifelte Situation? Es wird sicher nicht an Menschen fehlen, die unsere Lage zur Zeit für aussichtslos halten. Sie ist ja auch alles andere als rosig. Aber um ein solches entscheidendes Urteil zu fällen, fehlen uns zu viele Faktoren, die wir nicht kennen.

Es ist wie oft bei uns im Kleinen: Man bekommt Meldung von einem Einbruch des Feindes rechts; links funkt ein vorgeschobener Beobachter, russische Panzer hätten unsere Stellung aufgerollt; hinter uns werden vereinzelte feindliche Gruppen gemeldet: Es scheint eine »verzweifelte Situation« zu sein. Und doch: Schon die Division sieht die Lage von höherer Warte. Reserven gehen vor und riegeln ab. Das Korps weiß schon, daß man mit Korps-Reserven die Lücken wieder schließen kann. Die Armee, die Heeresgruppe sehen bereits die Kräfte, die der Feind zur Verfügung hat. Sie wissen meinetwegen, daß der Russe bei uns nur Fesselungsangriffe mit »schwachen« Kräften führt (die für eine Division eine überwältigende Überlegenheit darstellen können). Im Wehrmachtsbericht erscheint, wenn überhaupt etwas: »An der Ostfront nur Kämpfe von örtlicher Bedeutung.«

Wollen wir aus unserer Froschperspektive die »Kriegsaussichten« beurteilen? Welche Anhaltspunkte haben wir? »Unaufhaltsames« Vorgehen der Engländer und Amerikaner in Frankreich. Abfall Rumäniens. Kapitulation Finnlands. Angriffe der Russen. Woher sollen wir das Benzin nehmen, das wir nötig brauchen, wenn wir Rumänien nicht mehr haben? Kennst Du die Möglichkeiten der synthetischen Herstellung? Kenne ich sie? Und was wissen wir sonst alles nicht? Wie ist die Heimatstimmung beim Feind? Wie wird es sich auswirken, wenn wir die englisch-amerikanische Flut stoppen können? Wie lange kann er diese Anstrengung noch aushalten? Welche Mittel stehen UNS noch zur Verfügung?

Churchill hat in einer Unterhausrede erklärt, es müsse mit der Möglichkeit einer relativen deutschen Luftüberlegenheit gerechnet werden, und auch die U-Boot-Gefahr sei keineswegs endgültig gebannt. Sollte Churchill sich bluffen lassen? Ich glaube eher, seine Spionage hat ihm diese Kenntnisse verschafft.

Wir kämen daher nur dann zu dem Urteil: »Siegesaussichten hoffnungslos«, wenn wir Grund haben, unserer Führung zu mißtrauen, und den sehe ich nicht! Die Stimmung unserer Soldaten hier ist mustergültig!

So, mein liebes Liloken, das mag über die Lage für heute genügen. Es war eigentlich überhaupt nicht vorgesehen, darüber zu schreiben, aber es sind nun einmal die Fragen, die uns natürlich am meisten beschäftigen. Ich bin auch durchaus darauf gefaßt, daß aus der Heimat bedrückte Briefe kommen. Es werden sicher viele unter der schweren Last, die ihnen auferlegt werden wird, stöhnen. Dem kann ich nur entgegenhalten: Wir sind im letzten Entscheidungskampf – da muß das Äußerste geleistet und gefordert werden!!

Baltikum, Feldpostnummer 26444, 15. September 1944

Mein liebstes Liloken!
Der Iwan ist seit gestern dabei, mit neuer gewaltiger Kraftanstrengung anzugreifen. Unser kleiner Abschnitt vor uns ist noch nicht davon berührt. Immerhin, die »Schlacht um Riga« ist von neuem entbrannt.

Ich sehe ihr – wie allem – ruhig entgegen! Vielleicht hast Du recht, daß uns noch Schlimmeres bevorsteht. Daß ich zu Dir zurückkomme, ist meine zuversichtliche Überzeugung. Du mußt Dir auch keine Sorgen machen, wenn meine Post mal ausbleiben sollte, das kann an bewegter Kriegsführung und sonstigen Schwierigkeiten liegen. Im übrigen geht der Krieg nach meiner festen Überzeugung seinem siegreichen Ende entgegen, und zwar geschwindt! Und dann komme ich zu Dir!

Osterburg, 19. September 1944

Geliebter Mann!
Seit Tagen keine Post! Und im Norden der Ostfront toben sie!!

Im Westen flieht, wer fliehen kann! Nur mit dem Notwendigsten bepackt! In der Luft tummelt sich der Feind. Unsere Landbimmelbahn ist mit zwei Wagen Flak, darauf ein Dutzend Soldaten, fast behangen!

Charly mußte auf ihrer Fahrt nach Stendal zweimal den Zug verlassen, um Deckung zu suchen vor feindlichen Jagdflugzeugen.

Kann es nicht leicht sein, daß die Feinde Luftlandetruppen über dem Reich absetzen? Wer schützt uns dann?

Ach, wenn wir doch endlich, endlich soweit wären! Hoffen wir, hoffen wir, daß am Ende – das bevorsteht – doch noch alles zurecht- kommt, ganz so wie in Deinem plattdeutschen Vers. Mein Orgelmann! Wann sehen wir uns wieder? An unserem ersten Hochzeitstag werden sich unsere Gedanken in Liebe begegnen. DAS haben wir richtig gemacht! Mein Liebstes!

Dein Lilo-Frauken

Krumke, 24. September 1944

Mein lieber Mann!
Ein geruhsamer Sonntag fließt seinem Ende zu. Gestern abend lag ich so mollig warm im »Domestikenzimmerchen« und dachte nach. Als ich endlich das Licht löschen wollte nach langer Meditation und noch das Fenster zum Schlafen öffnete – war es hell und – 9 Uhr früh!

Heute rauscht ein gleichförmiger Regen mit monotonem Geräusch auf die noch grünen Baumdächer. Ich liebe das, wie vieles andere. Ich liebe überhaupt dies und das und immer etwas. Ich liebe das ganze Le- ben, – obwohl … Das Leben ist schmerzlich-schön, ist immer moll und über jedem Glanz steht Vergänglichkeit, steht das Wort, gleichzeitig tröstlich und unerbittlich: »alles was ist, endet«.

Ich habe einen Gedächtnisspaziergang gemacht, anläßlich der ersten Wiederkehr unseres Hochzeitstages.

Die Lutherallee von Osterburg nach Krumke

In einen Regenmantel gehüllt, spazierte ich gelassen und träumend durch den Krumker Park. Keine Menschenseele begegnete mir. Hin und wieder blieb ich stehen und versank mit in der ausströmenden Ruhe des rauschenden Regens. Zwei Monate hatte es nicht mehr geregnet, der Boden lechzte danach. Auf dem Teich bildeten sich abertausend Kreise, die sich dem Ufer zu vergrößerten. Ach, es träumte sich herrlich unter den grünen Baumdächern. Was soll ich Dir sagen, was ich dachte und fühlte, Du warst ja dabei und weißt es so! Ich war glücklich, ich bin glücklich. Pst, ganz leise sein! Der Regen singt ein seliges Lied. Nicht an morgen denken. Heute ist heut. Was heut Dir beschieden, nicht morgen ist's so.

Der Abend kommt auf leisen Sohlen. Seit einer Woche keine feindlichen Flieger. Es ist ein träumendes Versponnensein, eine tiefe Ruhe – vor neuem Sturm?

Mein Du – ich liebe Dich!

Dein Liloken

Der Musikprofessor Karl Klingler
hat seinen weltberühmten Freund,
den Physiker Max Planck,
auf Schloß Krumke zu Besuch
(Sommer 1944)

Osterburg in der Altmark (1944) ▷

170

Baltikum, Feldpostnummer 26444, 25. September 1944

In 24 Jahren, Geliebte, feiern wir unsere Silberne Hochzeit! Viel, viel könnte ich Dir erzählen, aber das geht nicht. Das erzählt sich besser persönlich. Weißt Du, so mit Dir auf den Knien, in den Armen. So manches möchte ich berichten. Erfreuliches und (oft weit mehr) Unerfreuliches. Alles das aber würde als Geschriebenes eine Gefahr bedeuten. Es sind Geschichten für nach dem Kriege. Kein Geheimnis mehr, daß wir uns planmäßig absetzen.

Osterburg, 26. September 1944

Liebster Kud!

Mein Du, mein Liebstes! – Berlin! Ich freute mich mächtig, es wieder-zusehen! Berlin bleibt doch Berlin, auch wenn es mehr aus Straßen-zügen als aus Häuserzeilen besteht.

Einige alte gute Bekannte, wie unsere Bonbontante oder die Drogistenfrau oder mein treuer alter Friseur – schwer haben diese Men-schen gelitten. Alt, uralt! Ich war erschüttert! Unsere Drogeriefrau: siebenmal ausgebombt und im Juli ein Kind geboren und nach fünf Tagen wieder verloren. Und immer noch ungebeugt.

Aber in ihren Augen, welch ein Ausdruck! Man kann es nicht beschreiben, man könnte nur erschüttert heulen. Was für ein stilles Heldentum ist in der Welt. Herrgott, wir müssen siegen! Solcher Augen wegen, solcher Haltung wegen. Ich komme mir dagegen behü-tet wie eine Mimose vor, dazu leicht feige und ziemlich unnütz. Ein Urteil, hart, aber gerecht!

Mit einem vollgeladenen Rucksack bin ich hier wieder eingetrof-fen. Es war so allerlei zu besorgen, und hier in Osterburg gehören wir nicht zu den alten Kunden und kriegen demnach nichts. Sei es Leuko-plast, Watte, Zahncreme und dergleichen. Ich brauchte dringend Haar-kämmchen. Alles Gewünschte und mehr bekam ich. Es war überall ein freudiges Wiedersehen. Für jeden hatte ich einige Äpfel mitgebracht, und alle Gesichter erstrahlten! Schön, es war also nicht umsonst gebuk-kelt.

Hach, und ein warmes Kleid kriege ich in Berlin geschneidert, aber mit Radio war noch nix. Vielleicht in einer Woche.

Und nun gute Nacht für heute! Liebster, Bester!

Dein Liloken

Zum Schloß Krumke gehörte ein Gutshof (1944)

173

Mein Du!

Sag mal, Geliebte, solltest Du den Tag, an dem wir uns vor einem Jahr ehelich banden, vergessen haben? He? Oder wolltest Du die Erinnerung daran taktvoll übergehen? Wie? Immerhin: Am 25. wirst Du wohl spätestens daran gedacht haben!

Einen herrlichen und sorgenvollen Brief habe ich gestern erhalten. Was ist denn nur bei Onkel K. in Krumke los? Vernehmungen?

Sehnsucht hast Du, mein Liloken? Ich auch! Ich habe Dir schon oft geschriebn: Bei mir zählen nur die Tage, an denen ich Post von Dir bekomme, alle anderen lohnen sich nicht, gelebt zu werden.

Wann ich nach Hause kommen werde? Mein Liebes – das ist nicht vorauszusehen. Ich fürchte auch, daß es in diesem Jahr nichts mehr wird. Dafür bin ich der Überzeugung, daß ich im nächsten Jahr für immer zu Dir komme. Meine Mutter hat mir zu unserem Hochzeitstag geschrieben, bisher sei unsere Ehe noch schlimmer als eine Seemannsehe.

Die Post geht weg! Horrido! Tausend Küsse

Dein Kuddel

Mein Du!

Tante Juliane hat uns heute in der Gartenstraße einen Besuch abgestattet. Sie war sehr angetan von unserem Heim. Ich fürchte so, daß sie uns das zweite Zimmer wieder abknöpfen. Täglich, stündlich werden 900 Flüchtlinge aus dem Westen erwartet, die alle untergebracht werden müssen. Im Westen soll es unbeschreiblich sein. Tausende von Menschen fallen dem Bombenkrieg zum Opfer. Die Bestien beharken jeden Meter Boden. Wann, wann werden wir aufatmen dürfen!!

Mein Frauken!

Sie lachen mich alle aus, daß ich jetzt einen Brief schreibe, wo doch keine Gelegenheit besteht, daß er bei Dir ankommt.

Über die Stimmung bei uns gilt, was ich Dir das letzte Mal bei ähnlicher Gelegenheit geschrieben habe: Sie ist bestens, trotz anstrengender Märsche, und sehr zuversichtlich.

Vor den Absetzbewegungen soll das Vieh der Landesbewohner zurückgetrieben werden. Wo das nicht möglich war – und das ist die Regel – muß es erschossen werden, damit die Feinde sich nicht aus dem Lande ernähren können. Ich habe befohlen, das Vieh zu töten. Der Waffenoffizier bat mich, diesen Befehl nicht ausführen zu müssen, er

brächte es nicht fertig, im Beisein der Bauern ihnen das Vieh zu erschie-
ßen. Und ich konnte auf der Ausführung des Befehls nicht bestehen, weil
ich es selbst nicht übers Herz brachte! So verdanken die Russen unserem
weichen Gemüt eine billige und leichte Verpflegung ihrer Truppen,
haben ihren Transportraum zur Herbeischaffung von Munition frei, die
sie uns auf den Pelz brennen.

Osterburg, 14. Oktober 1944

Geliebtester Mann!

Zorn kommt mich an! Birg Dein weiches deutsches Herz unter äußerer
Härte. Niemand auf der ganzen Welt schätzt oder achtet weiche Gemüts-
regungen – außer den Deutschen selbst! Denkt nur an die Grausamkei-
ten, denen Eure Heimat ausgeliefert ist. Denkt an die Brutalität, mit
der wir vergewaltigt und hingemordet würden, denkt nur an das unbeschreibliche Elend, das allein schon der Luftterror über unser Land
bringt. Nein, laßt die Bauern heulen, wenn Ihr das Vieh töten müßt.
Nein, dem Feind schaden, wo Ihr könnt, dazu seid Ihr da, nicht, um es
ihm leichter zu machen im Kampf gegen Euch.

Im Westen und Südwesten kommen Tausende von deutschen
Menschen um, und Ihr zaudert, Vieh zu töten im Angesicht der Bauern, Vieh, das dem Feind zugute kommt. Nein, das darf nicht sein. Wer
dankt Euch das? Die Weltmeinung über uns bestimmt nicht und auch
sonst niemand – nicht einmal das Vieh!

Osterburg, 17. Oktober 1944

Mein lieber Kuddelmann,

immer denke ich, daß ich täglich so aussehen muß, daß Du zu jeder
Stunde kommen kannst.

Ich habe nichts anderes im Sinn, als Dich glücklich zu machen.

Du sagtest einmal in Aussee, Du sowohl wie ich würden – verlöre
einer den anderen – wieder lieben, auch stark lieben können. Dies
schlösse nicht aus, daß einer des anderen gedenke!

Mein Wunsch war, daß unsere Liebe Schicksal für jeden von uns
bedeuten möge. Verstehst Du den Unterschied?

So mag man oft und öfter lieben können, aber eine Liebe,
die Schicksal ist, ist selten oder einmalig. So möchte ich sagen, ich
möchte Dein Schicksal sein. Mögest Du gewiß auch ohne mich leben
können, aber mögest Du still für Dich wissen, daß das Leben mit mir
DAS Leben war!

Geliebtes Weibchen!

Alle Erlebnisse zu schreiben, die ich in den letzten drei Wochen gehabt habe, ist die Zeit noch nicht gekommen. Nur das darfst Du wissen, daß wir an der Düna gelegen haben. Bis dorthin hatten wir uns abgesetzt, weil die Verhältnisse an anderen Frontabschnitten dazu zwangen. Dann wurde von langer Hand und gründlich die Aufgabe Rigas vorbereitet, und wir zogen ab.

Vorerst brauchst Du nur zu wissen, daß es mir gut geht. Sehr schmerzlich war uns die Meldung, daß Aachen eingekreist ist. Auch Memel ist ein Brückenkopf. Wir werden versuchen, ihn zu verstärken. Es muß und wird gelingen, den Iwan von Ostpreußen fernzuhalten!

Du sollst immer wissen, daß ich Dich doll liebe, immer an Dich denke und Dich herzlich küsse!

Dein Kuddel

Liebster!

Die Nachrichten im Radio sind erschütternd und deprimierend! Was soll nur werden? Aachen wird fallen! Die erste große deutsche Stadt! Wir kämpfen gewiß wie die Löwen, aber dies wird's nicht mehr tun, wenn wir nicht auch noch mit umwälzenden Waffen kommen können. »Jedes Haus eine Festung!« – aber was für eine! Unser Häuschen fällt schon zusammen, wenn kilometerweit eine Bombe runterkommt, geschweige denn, daß einer von uns ein Schießgewehr hat. Du lieber Gott! Wenn uns sonst nichts rettet! Es darf kein Ende kommen, es darf nicht! WIR wollen noch zusammen glücklich sein! Glücklich? Klingt es nicht anmaßend? Herrgott, wir wollen siegen und LEBEN! Verdienen wir es denn nicht?

Stündlich, minütlich sind meine Gedanken bei Dir.

Ich liebe Dich SEHR!

Dein Frauken Liloken

Liebes Frauken!

Als wir hier ankamen, erzählte man mir: Unsere Grenadiere marschierten durch die Stadt, als noch alle Zivilisten hier waren, deutsche Männer, Frauen und Kinder! Sie ahnten nur unvollkommen, was für eine Gefahr ihnen drohte.

Die Stadt war zum Operationsgebiet geworden. Aber die deutsche »Ordnung« dauerte an. In einem der wenigen Hotels, die noch bestan-

den, quartierte sich der Divisionsstab ein und – mußte sich im Fremden-
buch eintragen! Von den noch vorhandenen Speisen wurde den Kom-
mandeuren nichts verabfolgt, weil sie – keine Essensmarken hatten!

Zur Zeit wohne ich in einer Villa außerhalb des Ortes. Prächtige
Einrichtung. Clubsessel, Couch. Wir hatten den Eindruck, als dürften
wir uns nicht mal ausziehen. Die Hausfrau mußte ja gleich wiederkommen. Der Hund – ein Drahthaarterrier – wartet ja auf sie! Es ist wirklich
erschütternd! Hier haben deutsche Familien gewohnt. Die Briefe vom
Hausherrn – einem Kameraden an der Front – liegen im Schreibtisch.
Und hier müssen wir Krieg führen! Jeder Schuß, den wir abgeben,
richtet sich gegen ein deutsches Dorf, wo sich der Russe breitgemacht
hat. Daß uns das nicht erspart geblieben ist, scheint mir das Schwerste
zu sein, was uns der Krieg auferlegt.

Mein Liloken, ich liebe Dich sehr und habe Sehnsucht nach Dir.
Mir herzlichem Kuß,

Dein Kuddel

Memel, 30. Oktober 1944

Richtig, mein Schatz, mich zur Rücksichtslosigkeit zu gemahnen. Mit
der Geschichte von der Gemütsbewegung bei der Schonung des Vieh-
bestandes vergißt Du aber eines: Die Geschichte spielte sich im Baltikum, in Littauen, Lettland ab, in Ländern also, in denen wir den
Bauern Befreiung vom Kolchose-System versprochen hatten. Sie
waren ja nicht unsere Feinde, so haben wir es ihnen selbst drei Jahre
lang gesagt, geschrieben. Und jetzt mußten wir ihr Vieh töten, ihre
Ernte vernichten.

Natürlich ist es falsch, sich solchen Überlegungen hinzugeben. Du
mußt aber bedenken, daß ein großer Teil unserer Männer Bauern sind,
denen es leichter fällt, zehn Russen umzulegen, als einem Bauern, der
nicht ihr Feind ist, ein Stück Vieh zu morden. Ja, wenn sie es schlachten
und verwerten können, dann sind sie ohne Rücksicht dabei. Aber das
»Morden« bringen sie nicht fertig. Ich habe Fälle erlebt, in denen unsere
Männer nach Feierabend mit ihren Pferden einem lettischen Bauern
halfen, sein Korn zu schneiden, das zu verderben drohte, wenn es nicht
geerntet würde. »Brotkorn ist schließlich eine Gottesgabe!«

Duu! Komm neben mich! Draußen herrscht ländlicher Friede, das übliche Alarmen ausgenommen. Noch sind wir kein Kriegsziel – toi, toi, toi – und ich kann mich meiner Geborgenheit vielfach erfreuen. Die armen anderen Menschen jedoch – entsetzlich! Denn »sie« wüten im schönen deutschen Lande, daß es unkenntlich werde. Die Not wird größer mit jedem Tag. Der Himmel allein weiß, wann sich die Waage neigen wird. Ich habe mir schon allen Ernstes überlegt, wie ich mich vom geliebten Leben zum ungewissen Tode bringen kann, wenn die Übermacht … Aber unser aller Gedanken gelten dem Leben, das wir uns tausendfach gewinnen wollen.

Memel, 1. November 1944

Mein Liloken!
Sicher gehört ein starker Glaube an unsere gerechte Sache dazu, nicht zu verzweifeln. AACHEN in Feindeshand! Es ist ein Jammer! So darf es doch nicht mehr lange weitergehen!

Ich soll nie vergessen, daß Du mich liebst? Als ob ich DAS vergessen könnte!

Das zerstörte Berlin (1945/46)

Es geht mir gut, mein Liebes, die Front bei uns ist ruhig. Wir rüsten uns für kommende Zeiten und sind voller Zuversicht!

Lasse Dich von Deinem Mann herzlich küssen!

Kuddel

Memel, 2. November 1944

Mein Frauken!
Aus unserer Stadt sind alle Zivilisten geflohen, kann man getrost sagen. Die Wohnungen, Häuser, zum großen Teil zerstört, bergen noch eine Menge Schätze. Zurückflutende Horden, Troßknechte aus der Etappe haben die Häuser durchwühlt und wohl auch geplündert. Ich muß zu unserer Schande gestehen: Häuser und Wohnungen, in denen die Russen geplündert haben, sehen nicht so schlimm aus!

Wittenberge, 3. November 1944

Mein Kuddel – Du!
Heute habe ich einen Abstecher nach Berlin gemacht, um uns Wäsche abzuholen, die ich durch die Reichsfrauenführung bekam. Es handelt sich um 3 Frottiertücher, 2 Kopfkissen, 3 Bettücher, 2 Überschlagla-

ken. Eine dritte Bettgarnitur wurde für den Ehemann abgelehnt, da es ungewiß sei, ob er aus dem Krieg zurückkommen würde.

Hier sind über 500 Evakuierte aus dem Westen eingetroffen. Der Anblick ist erschütternd. Noch mehr aber ein heute von mir belauschtes Gespräch – unfreiwillig – im Wartesaal. Ich kann Dir das gar nicht wiedergeben, nur soviel, daß der Engländer der anständigste Mensch ist, hilfreich, wo er nur kann! Und wo er erobert hat, herrscht endlich die ersehnte Ruhe! Deutschland lieben wir so und so, warum nicht auch unter E.!!!

Menschenskind, soll man das für möglich halten! Ich schaltete mich mit ein paar passenden Worten ein. Sie zogen sich zurück mit einem abfälligen Gemurmel, aus dem ich »Propaganda« heraushörte.

Kinder, Kinder! Es ist allerhöchste Zeit, daß wir endlich zum Zuge kommen. Nötig für die herabziehenden Miesen, die der Schlag treffen möge und für die tapfer Ausharrenden, deren Unerschrockenheit einen Sieg wert ist!

Denke stets daran, daß Dich innig liebt,

Dein Liloken

Kleiststraße mit KADEWE
(Nähe Wittenbergplatz)

Von der Nationalgalerie aus in
Richtung Marienkirche gesehen

Corneliusstraße am Landwehr-
kanal im Tiergarten

Berliner Dom von der Nationalgalerie aus gesehen

Die Siegesallee mit ihren »Puppen«
im Tiergarten

Ich schreibe immerzu, aber K.O. antwortet nicht! Seit über einer Woche hat's keine Post für mich! Im Schlafzimmer habe ich ein Feuer geschürt und in mein wirklich bequem behagliches Bett einen »Steinhäger« gelegt. Ohne den kann ich das Schlummerparadies nicht betreten. Um es dem Chronisten späterer Familiengeschichte zu erleichtern: Der Steinhäger ist leider ausgetrunken, die abendliche Erneuerung ist heißes Wasser! Nüchtern, aber wahr!

Noch sechs Kriegsjahre wie dieses, dann kriege ich den Nonnenschleier ehrenhalber überreicht.

Mein Guter! Wehmütig nicke ich zu Deinen festen Ansichten, daß das kommende Jahr uns vereint sehen würde. Sei ruhig in dem Glauben, bitter ist es nachher immer noch genug, wenn es nicht so kommt, wie Du es Dir dachtest.

Memel, 20. November 1944

Mein geliebtes Frauken!

Wenn Du wüßtest, wie ich dieses verdammt mörderische Dasein hasse, Sehnsucht habe nach Dir: Es ist nicht zu glauben! Da ist man nun verheiratet und ist es doch nicht. Nee, nix schön!

Mein Liebes, von Dir sind drei herrliche Briefe angekommen. Herrlich, weil sie so lieb sind. Bist Du mir böse, wenn ich danach trachte, die Verleihung des Nonnenschleiers an Dich zu hintertreiben? Ich versuche es wirklich!

So, mein Schatz, nun geht's ins Bett, richtig auf der Couch! Gut Nacht, geliebtes Wesen! Laß Dich umarmen und träume lieb von mir!

Dein Kuddel

Memel, 26. November 1944

Mein geliebtes Liloken-Frauken!

Mir wird von einem Landser ein Brief vorgelegt. Seine Frau schreibt ihm: »... es ist Urlaubssperre. Wer weiß, wann Du kommen kannst? Vielleicht erst nach dem Kriege! Ich brauche nicht auf Dich zu warten. Ich hätte an jeder Hand vier, wenn ich wollte. Ich hab es satt, ich will es jetzt auch! Ich will jetzt endlich ein paar stramme Jungens haben. Weiter wüßte ich im Augenblick nichts zu schreiben! Herzlichst Deine ...«

Ich bin sehr nachdenklich geworden. Was sollte ich dem Landser sagen? Es ist wahrlich nicht leicht heute, verheiratet zu sein! Ich habe dem Landser gesagt, DIE Frau soll er laufen lassen. Was wir von ihm verlangen müssen, kann er auch von seiner Frau erwarten. Es ist nicht die erste Ehe, die am Krieg zerbricht, es wird nicht die letzte sein.

Es ist bitter für so einen Landser. Wir predigen: Ihr steht hier im Kampf, um Eure Eltern, Eure Frauen zu schützen. »Eltern? – hab ich nicht mehr. Meine Frau? – die will ja nicht beschützt werden.« Eine halbe Stunde habe ich dieses Problem durchgeknetet, und da ich gerade einen Brief schrieb, hast Du alle Gedanken, die mir gekommen sind, mit anhören müssen.

Ich bin soo glücklich, daß ich Dich habe!! Und ich möchte Dir gern jeden Wunsch erfüllen, aber Toaströster hat's keinen. In unserer Stadt ist natürlich noch alles vorhanden, aber es darf nichts genommen werden. Und es ist besser, die Sachen verkommen, als ließen wir den Landsern freie Hand zum Beute machen. Wir haben uns geschämt für die Soldaten der Etappe, die hier nach der Räumung durchzogen. Keine Wohnung, die nicht geplündert und mutwillig zerstört worden wäre! Also: Plündern ist verboten! Und das ist gut so. So leid es mir auch tut, Dir keinen Toaströster verschaffen zu können.

Memel, 3. Dezember 1944

Mein geliebtes Weibchen!
Um Dir zu zeigen, daß ich auch in diesem Jahr Deiner zum Weihnachtsfest gedacht habe, habe ich meine Klamotten noch einmal durchsucht. Ein Pullover, nicht gerade bester Qualität, für mich zu eng, könnte für Dich vielleicht passend sein. Einige Zigarettchen, gesparte Bonbons und Kerzenstummel, ein Fotobüchlein für Geschenkzwecke und einige wenige Gebrauchsartikel aus meinem Bestand – das seien meine Präsente für Dich. Sie sind bescheiden, aber von Herzen und mit viel Liebe dargebracht.

Jetzt, da Du diese Zeilen liest, müßten Dir die Ohren klingen, so sehr werde ich Deiner gedenken und mich danach sehnen, bei Euch zu sein! Die ersten lieben Weihnachtsküsse!

Dein Kuddel

Osterburg, 8. Dezember 1944

Mein Kud!
Monatelang habe ich mit List und Tücke jeden Hexenkessel des Krieges gemieden in der stillen, trügerischen Hoffnung, daß wir Weihnachten – wie Du es auch meintest – klar sehen könnten, wie sich die Waage neigen wird. Wir sehen leider gar nichts und hoffen und warten weiter, wie seit Jahr und Tag. Unsere herrlichen Städte! Nein, nicht dran denken! Straßburg, Freiburg – diese ehemaligen Kleinodien! Wien, Nürnberg,

Braunschweig, Stuttgart und viele – abgesehen von unserem Hamburg. Nur nicht dran denken! Ein WELTVERBRECHERTUM ist erstanden und feiert rauschende Triumphe.

Ein solcher abgrundtiefer Haß, ein solcher fanatischer Vernichtungswille war noch nicht in der Welt. Sie wissen nicht, was sie tun! Sie rasen! Einmal mögen sie vielleicht – wenn das Tuch der sinnlosen Wut von ihnen sinkt, erschüttert sehen, was sie getan haben. Es heißt: Und Gott schweigt! Man klagt an, daß er das alles zuläßt! So vermessen sind die Menschen, daß sie nicht sehen, was sie selbst verschuldet haben, daß sie Greuel auf Greuel aufhäufen bis in den Himmel und dann von Gott Gnade erwarten. Gnade! Die sie sich verscherzten!

Jedes Volk, wie jeder Mensch, glaubt, auf dem rechten Weg zu sein – WO ist der rechte Weg?

Ach, mein Kud, mein Du! Die Welt ist ein Graus, und das Leben lohnte nicht, wenn die Liebe nicht darinnen wäre.

Eine Frau will begehrt sein. Ein Ehemann, der dies außer Acht läßt und in der Ferne nicht noch eifriger um seine Frau bemüht ist, bekommt einmal einen solchen Brief, wie Dein Landser ihn Dir erstaunt zeigte. Diese Frau muß keineswegs sofort verdammt werden. Ich verstehe die Anwandlungen eines heißen Lebenshungers voll und ganz. Die Frau laufenzulassen ist falsch, wenn der Mann sie liebt. Diese junge Frau hat nicht genügend Liebe durch ihren Mann. Was sie schrieb, ist ein Verzweiflungsruf. Es gibt einen wunderbaren, wahren Satz, den alle Männer mit sich herumtragen sollten; er lautet: »Nur DER Mann wird betrogen, der es verdient.« Das sage Deinem geknickten Landser. Aus Mangel an dieser Erkenntnis werden treulose Frauen gesteinigt.

Ein Toaströster ist nicht zu bekommen? Plündern is' nicht? Nee, es war ja man nur eine bescheidene Anfrage. Ich wollte Dich nicht dazu auffordern! Vetter Theo hat sicher nicht geplündert und ist zu tollen Dingen gekommen, wie Bratpfanne (die gibt's hier nicht), Töpfe, Mantel, Stiefel, Radio!! Tjä, und da dachte ich, fragste man nach einem Toaströster.

Memel, 17. Dezember 1944

Mein geliebtes Frauken!
Natürlich »verzeihe« ich Deinen »Toaströstergesang«. Nur scheinst Du Dir von unserem Dasein kein richtiges Bild zu machen. Wo wir sind, herrscht das Chaos, die Zerstörung. Aber meist nicht durch uns, sondern unsere Vorgänger verursacht. Memel sieht aus, daß man sich schämt, ein deutscher Soldat zu sein. Und kein Russe hat die Stadt betreten!

Mein liebes Liloken!

Gestern nachmittag war Kuchenschlacht bei der II. Abteilung mit anschließendem Abendessen. Famose Torten und herrlicher Schweine-braten. Dazu ein Fläschchen Mosel. Ich schäme mich fast, Dir von sol-chem Wohlleben zu schreiben. Nun bin ich schon fast 1 1/2 Jahre Adjutant, es wird Zeit, daß sich mal eine andere Verwendung für mich findet. Da ich noch keine Batterie geführt habe, wäre das als nächstes dran. Vielleicht wird's bald.

Wie lange wirst Du im Januar auf Reisen gehen? Wohin? Da mußt Du mir besonders oft schreiben, und seien es auch nur kurze Grüße, damit ich weiß, daß es Dir gut geht.

Ich küsse Dich innig und liebe Dich toll!

Dein Kuddel

Kurt Orgel mit Offizierskameraden kurz vor seiner Verwundung im Januar 1945

Letztes Foto von Kurt Orgel

Feldpostnummer 26444, 29. Dezember 1944

Mein liebes Frauken!
Anfang Januar übernehme ich die Führung einer Batterie. Eine bange
Frage sehe ich Dir an den Augen an: Ob meine neue Tätigkeit »gefähr-
licher« sein wird als die bisherige. Also, mein Liebes, ich habe mich
noch nie um einen Posten beim Kommiß beworben. Ich habe Befehle
bekommen, und immer – so auch jetzt – kommt der Befehl meinem
Wunsch entgegen. Ich bin gern Regimentsadjutant gewesen, ich werde
jetzt gern Batteriechef sein. Hier wie da wird unser Stern uns beschüt-
zen. Also: Kopf hoch, mein Mädel, wir beide gewinnen den Krieg!

Ostpreußen, 21. Januar 1945

Meine geliebte Purperin!
Mein Du! Es ist gar nicht so leicht, Dir heute einen Brief zu schreiben,
und ich habe mich schweren Herzens darangemacht. Daß der Krieg
nun auf deutsches Gebiet übergesprungen ist. DIE RUSSEN IN
DEUTSCHLAND! WELCH FURCHTBARER GEDANKE! Aber wir
dürfen uns nicht zu stark beeindrucken lassen. Es steht fest, daß unsere
Führung mit Einbrüchen gerechnet hat. So können und werden wir
unsere Hauptreserven dem Russen entgegenwerfen und ihn irgendwo
zum Stehen bringen. Ist das geschafft, wird wohl der Einsatz unserer
NEUEN WAFFEN, AN DIE WIR FEST GLAUBEN, spruchreif sein.

Ostpreußen, 22. Januar 1945

Mein geliebtes DU!
Wieviel leichter war es doch im Jahre 1941, die 18-monatige Urlaubssperre zu ertragen! Weil wir nicht verheiratet waren? Vielleicht! Ja,
haben wir denn richtig gehandelt, uns dennoch im Krieg zu verheira-
ten? ICH bereue es nicht! Mein Liebes, ich muß diesen frühen Morgen-
gruß beenden. Gleich kommen Männer meiner Batterie zum Gedan-
kenaustausch über die militärische Lage, den sie dann in die Batterie
hinaustragen sollen, das heißt: Es muß mal wieder eine »Spritze« verabfolgt werden. Es ist grundfalsch, den ganzen Tag grübelnd und sorgend
zu verbringen und sich durch gelegentliche Verzweiflungsbriefe von zu
Hause aus der Fassung bringen zu lassen. Da gibt es ein »Gegengift«, das
sind die aufmunternden Reden des Batteriechefs.
   Also, mein Herz, komm in meine Arme und laß Dich küssen von
Deinem
                                                                    Kuddel

Ostpreußen, 24. Januar 1945
(Der Brief erreichte seine Adressatin erst im Jahre 1948)

Mein Liloken!
Hätte mir jemand von zehn Jahren gesagt, daß man im Januar bei
13 Grad Kälte zelten kann – ich hätte ihn zweifelnd angesehen. Jetzt
tue ich es selber. Wir sind auf Wanderschaft. Wohin es geht, weiß ich
nicht. Leider wird unsere Verbindung per Post bei den gegenwärtigen
Verhältnissen wohl schlechter werden. Ich habe noch keine Ahnung,
wann und wo ich diesen im Zelt gekritzelten Gruß los werde. Bleib
guten Mutes, mein Liloken, unser Stern wird weiter walten!

Tausend liebe Küsse von Deinem Kuddel!

Telegramm aus Gotenhafen, 1. Februar 1945

LIEGE VERWUNDET IN PILLAU – WARTE AUF ABTRANSPORT –
GRUSS KURT

Feldpostnummer 26444, 12. Februar 1945

Mein Liloken!
Ich liege seit einer Woche in einem behelfsmäßigen Lazarettschiff bei
Rügen vor Anker. Weiterreise unbestimmt. Nach Flensburg – wahrscheinlich nach Kopenhagen. Befinden Umständen entsprechend
leidlich. Furchtbar schlapp!

Alles Gute, Dein Kuddel

Feldpostnummer 26444, 13. Februar 1944

Mein liebes Liloken,
gestern nacht sind wir nach furchtbarem Verwundetentransport in …
angekommen. Ich bin nur noch Haut und Knochen! Aber die landwirt-
schaftlichen Reichtümer des Landes werden mich wieder hochpäppeln.
Meine Verletzungen: Beide Gesäßhälften tiefe Fleischwunden. Rechter
Oberschenkel mit Gefahr Gelenk! Hoffen wir, daß alles gut wird. Unser Stern war wieder zur Stelle. Für die nächsten zwei bis drei Monate
dürfte der Krieg für mich aus sein. Dann wollen wir mal sehen, wie es
dann aussieht – ich freue mich auf den Urlaub mit Dir.

Herzlicher Gruß, Dein Kuddel

Mein liebes Liloken!

Da ich mich selbst zu schlapp fühle, um Dir zu schreiben, berichtet ein Kamerad nach meinen Angaben über mein Befinden. Die 14 Tage Verwundetentransport ohne ausreichende ärztliche Versorgung haben den Heilungsprozeß sehr hinausgezögert. Sämtliche Wunden eitern ganz erheblich. Die Verpflegung im hiesigen Lazarett ist ganz ausgezeichnet, nur nützt sie mir noch nichts, weil ich gar keinen Appetit, sondern meistens hohes Fieber habe. Insofern bedaure ich, daß ich nach Kopenhagen gekommen bin, weil Du mich hier vermutlich nicht besuchen kannst. Solltest Du es wider Erwarten mit einer beruflichen Reise vereinbaren können, würde ich mich natürlich sehr freuen. Sonst müssen wir so lange warten, bis ich mich in Deutschland irgendwie weiter ambulant behandeln lassen kann.

    Grüß die Eltern und laß Dich herzlich küssen von Deinem Kuddel

Geliebter Kuddelmann!

Langsam begann das Rätselraten um Dein Ergehen in ein geordnetes Bild zu fließen. So schließe ich, daß Deine Verwundung Ende Januar/ Anfang Februar war, daß Dein Telegramm liegenblieb, daß Du zur See gen Rügen und von da ins gelobte Land der Seehandelsfahrer kamst. Ich schließe, daß der »furchtbare Verwundetentransport« sich auf die letzte Seereise bezieht und Euer Schiff feindlichen Fliegern ausgesetzt war. Diesen Schweinen wünsche ich alle Qualen der Hölle! Mein Du, mein Liebstes! Jeden Buchstaben Deiner so mühsam abgequälten Bulletins habe ich zärtlich besorgt mit den Augen gestreichelt und nur den einen Wunsch gehegt, bei Dir sein zu dürfen. Daß Du aber in dem nahrhaften Lande bist, gibt mir eine große Beruhigung. Es wird dort auch noch Ruhe und Ordnung um Dich sein, die wir bei uns täglich wanken fürchten. Grübel nicht zuviel, mein Lieb, gib Dir Mühe, tüchtig essend wieder aufzuholen, damit ich mich in künftigen Liebesstunden nicht an der Härte Deiner Knochen zu stoßen brauche ...

Während Liselotte Orgel diesen Brief schrieb, überbrachte der NSDAP-Ortsgruppenleiter von Osterburg ein Telegramm des Lazarettes:

»HAUPTMANN KURT ORGEL OSTERBURG ALTMARK GARTEN-STRASSE 11 AM 19.2.45 22.00 UHR VERSTORBEN. BITTE EHE-FRAU TODESFALL MITTEILEN«

»Regen Sie sich nicht auf«, sagte der Nazi-Bonze, »Ihr Mann ist bereits mit allen militärischen Ehren zu Grabe getragen worden.«

Weg durch den Berliner Tiergarten
am großen, gesprengten Bunker
vorbei zum Bahnhof Zoo (1945)